사고력을 키우는 전략 중심의

학술 텍스트 읽기

김경훤 · 이수미 · 장문정 · 신필여

박영사

머리말

최근 한국 대학에서는 유학생 수가 많아짐에 따라 그들의 학업 능력에 대한 관심도 높아지고 있다. 학문 목적의 한국어교육은 대학에서 요구되는 수학 능력을 향상시킬 수 있는 방향으로 이루어져야 한다. 대학에서 이루어지는 의사소통은 격식적인 상황에서 문어 중심으로 진행되는 특징이 있다. 또한 일반교양 지식은 물론 전문 지식을 포함하는 교육 내용이 요구된다. 이러한 언어 능력을 제대로 갖추지 못한다면 유학생들이 대학 생활을 제대로 영위하기 힘들다. 성균관대학교 학부대학에서는 이러한 학문 목적 학습자의 특성을 반영하여 〈유학생을 위한 한국어 교재〉 시리즈를 개발하였다. 이 시리즈는 유학생들이 대학의 학업을 성공적으로 수행하도록 돕는 데에 목표를 두고 있다. 대학에서 필요한 한국어 의사소통 능력과 함께 학업에 필요한 실제적인 기술들을 중심으로 구성하였으므로 학습 과정 동안 점진적으로 한국어 능력은 물론 학업 능력까지 자연스럽게 향상될 것으로 기대한다.

이 책은 〈유학생을 위한 한국어 교재〉 시리즈 가운데 『사고력을 키우는 전략 중심의 학술 텍스트 읽기』로 이 책을 배운 후 학습할 『사고력을 키우는 학문 목적의 읽기』와 연계되어 있다. 『사고력을 키우는 학문 목적의 읽기』는 공통, 인문·예술, 사회 과학, 경영·경제, 자연 과학 등 다섯 가지 영역으로 구성하여 학습자의 전공에 맞춘 집중적이고 통합적인 읽기 능력 향상에 초점을 맞춘 책이다. 이에 반해 『사고력을 키우는 전략 중심의 학술 텍스트 읽기』는 대학 입학 초기 단계의 유학생이 다양한 주제의 학술 텍스트를 접하여 읽기 전략을 익히고, 이를 통해 학문적 읽기 능력을 기초부터 다질 수 있도록 개발하였다.

무엇보다 『사고력을 키우는 전략 중심의 학술 텍스트 읽기』는 유학생인 한국어 학습자의 대학 수학 능력 배양을 위해 한국인이 중·고등학교 교육과정에서 배운 '읽기 전략'인 자료 찾기, 예측하기, 요약하기는 물론 설명문과 논설문의 특징을 바탕으로 글의 구조를 파악하고 능동적으로 글을 이해할 수 있도록 개발하였다. 또한 읽기 전략을 바탕으로 단원별로 '주제' 중심의 교수요목을 구성하여 자연과학, 심리, 예술, 문화, 경제, 인공 지능 등 다양한 주제로 구성된 읽기 자료를 제시하여 주제에 대한 이해를 높이고자 하였다.

『사고력을 키우는 전략 중심의 학술 텍스트 읽기』는 모두 10개의 단원으로 이루어져 있다. 각 단원은 '생각해 보기 → 읽기 1 → 읽기 전략 → 어휘 학습 → 읽기 2 → 생각 모으기'로 구성하였다. '생각해 보기'는 단원의 '주제 도입'의 성격을 지니면서 활동으로 구성하여 학습자의 흥미를 유발하고자 하였다. '읽기 1'은 두세 단락 정도의 완성된 텍스트로 각 단원의 주제를 다양한 텍스트 유형으로 제시하고자 하였다. 읽은 후에는 읽은 내용을 바탕으로 사실적 이해에 해당하는 질문과 '읽기 1' 다음에 이어질 '읽기 전략'을 생각해 볼 수 있는 질문을 두었다. '읽기 전략'은 한국어 읽기 교육에서 자주 사용되는 전문 용어를 제시하고 각 전략의 의미와 활용 방식을 구체적으로 설명하였다. 이때 가능한 쉽게 읽기 전략을 이해할 수 있도록 예시를 풍부하게 제시하고자 하였다. '어휘 학습'은 '읽기 2'에서 제시되는 주요한 어휘를 뽑아 어휘 활동으로 구성하였다. 어휘 활동은 '읽기 2'를 이해할 목적으로 구성하였으며 어휘력을 확장할 수 있도록 하되 '읽기 2'를 위한 사전 학습이 되도록 구성하였다. '읽기 2'는 단원의 주제를 가장 잘 드러내는 내용으로 구성하였으며 학습자들이 문제의식을 갖고 이해하는 능력을 향상시킬 수 있도록 '읽기 1'에 비해 긴 글로 제시하였다. '읽기 2'를 학습한 후에는 사실적 이해 질문, 추론적 이해 질문, 다른 기능과의 통합 활동을 두어 '읽기 2'에 대한 이해뿐만 아니라 다른 기능과의 연결을 통해 통합적 이해 능력을 향상시킬 수 있도록 하였다. '생각 모으기'에서는 앞에서 배운 '읽기 전략'을 정리하고 각 단원에서 제시한 주제 어휘에 대한 확장의 역할을 하도록 고안하였다.

이 교재를 개발하기 위해 집필진은 학문 목적 한국어 읽기에 관한 기존 연구의 흐름을 정리하고 이를 논문으로 게재하였다. 그 결과를 토대로 학문 목적 한국어 읽기 교재가 지향해야 할 방향에 대한 논의를 모으고 샘플 단원을 집필하였다. 우선, 집필된 세 개의 샘플 단원으로 교육 현장의 목소리를 듣기 위해 시범 사용이 진행되었다. 읽기 교재의 시범 사용에서 집필자뿐만 아니라 사용한 교강사 분들의 수업 일지와 학생들의 교재에 대한 설문조사 및 집단 인터뷰를 통해 수정 및 보완 작업을 진행하였다. 이렇게 수정된 내용을 바탕으로 전체 단원에 대한 시범 사용이 진행되었다. 한 학기 동안 시범 사용을 하면서 다시 수정과 보완 작업이 진행되었다. 이러한 과정에서 교강사 분들의 꼼꼼한 피드백을 반영하는 것과 학생들의 만족도를 반영하는 일이 수차례 진행되었다. 이렇게 여러 번, 여러 명이 이 교재의 완성도를 위해 애써 주셨다. 그러한 작업을 거쳐 드디어 이 교재가 책으로 나올 수 있게 되었다. 그럼에도 여전히 부족한 부분이 보인다. 이러한 부분은 다듬어 더 좋은 교육 자료가 될 수 있도록 추후에 노력할 것을 약속한다.

이 교재가 나오기까지 시범 사용을 해 주신 교강사 분들께 특별히 감사의 말을 드리고 싶다. 또한 이 교재로 배우면서 주제가 재미있고 읽기 능력이 향상되었다고 응답해 준 많은 학생들에게도 고맙다는 말을 전하고 싶다. 그런 학생들과 교강사 분들 덕분에 이 책이 처음보다 더 좋아졌기 때문이다. 무엇보다 이 교재가 출간될 수 있도록 아낌없는 지원을 해 주신 박영사 안상준 대표님께 진심으로 감사드린다. 또한 집필진의 다양한 의견을 성심껏 반영해 주신 박부하 과장님과 꼼꼼하게 편집을 봐 주신 김다혜 대리님께도 특별히 감사드린다. 공동 집필은 늘 쉽지 않은 일임에도 공동 집필을 같이 해 주신 집필진 선생님들께도 저자 대표로서 감사의 말을 드리고 싶다.

2025년 9월

공동 저자 대표 김경훈

일러두기

『사고력을 키우는 전략 중심의 학술 텍스트 읽기』 교재는 학문 목적 한국어 학습자를 대상으로 읽기 능력 향상을 위한 전략 중심 학습에 초점을 두고 구성되었다. 읽기 전략은 총 10가지로 '자료 찾기, 예측하기, 요약하기, 글의 종류 파악하기, 설명 방법 확인하기, 글의 구조 분석하기, 논증 방법 이해하기, 능동적으로 해결하기, 관점과 형식 비교하기, 근거를 들어 문학 작품 해석하기'를 기반으로 하였으며 학습자가 사실적 이해에서 출발하여 추론적·통합적 이해에 이어 비판적이고 창의적 이해에 이를 수 있도록 설계되었다.

이 교재는 읽기 전략과 함께 주제 중심 교수요목으로 구성하여 사회, 과학, 문화, 예술, 문학 등 다양한 영역의 내용을 다루고자 하였다. 이를 통해 학습자는 실제 학문적 담화에서 접하는 폭넓은 텍스트 유형을 경험하면서 앞서 제시된 읽기 전략을 구체적인 주제 속에서 적용하고 확장할 수 있다. 「자연과 인간의 공존」에서는 환경 문제를 다루면서 자료를 찾아 읽는 과정을 통해 읽기의 기초 전략을 익힌다. 「내 안의 나」에서는 심리라는 주제로 자기 이해와 연결해 탐색하면서 예측하는 읽기 전략을 중심으로 글의 내용을 짐작하는 방법을 연습한다. 「함께하는 힘」에서는 협력과 공동체를 다루며 요약 능력을 훈련하고, 「예술과 교육」에서는 예술과 학문의 접점을 살펴보며 글의 종류와 읽기 방식을 학습한다. 이어 「건강과 나」와 「문화에 따라 달라지는 선택」에서는 설명 방법과 글의 구조를 분석하며, 「사회적 책임」에서는 논증적 읽기를 통해 주장과 근거의 관계를 파악한다. 또한 「현명한 선택과 소비」에서는 문제 해결적 읽기를, 「인공 지능이 만든 세상」에서는 관점과 형식 비교를 통한 비판적 읽기를, 마지막으로 「삶과 사랑 이야기」에서는 문학 작품 해석을 통해 인간 경험을 성찰하도록 이끈다.

본 교재는 단원별 주제 탐구와 전략 학습을 결합하여 학습자가 점진적으로 읽기 능력을 확장하도록 설계되었다. 각 단원은 동일한 학습 절차에 따라 전개되며 이를 통해 학습자가 읽기 과정을 단계적으로 경험하면서 전략을 자연스럽게 습득할 수 있다. 먼저 '학습 목표'에서는 주제와 전략을 제시하여 학습 방향을 확인하고, '생각해 보기'에서는 배경지식을 활성화한다. 이어서 '읽기 1'을 통해 주제를 도입하고, '읽기 전략'에서 학문 목적 읽기에 필수적인 전략을 학습한다. 이어지는 '어휘 학습'으로 심화 텍스트에 필요한 핵심 어휘를 익힌 후 '읽기 2'에서는 텍스트를 종합적으로 이해하고, '생각 모으기'에서는 전략과 내용을 정리·확장함으로써 통합적인 읽기 능력을 기를 수 있도록 설계되었다. 이러한 구성은 전략 학습과 주제 탐구를 유기적으로 결합함으로써 학문 목적 한국어교육의 실제적 요구에 효과적으로 부합하고자 한 것이다.

본 교재는 총 10개의 단원으로 이루어져 있으며 각 단원은 다음과 같은 내용으로 구성되어 있다.
'학습 목표 → 생각해 보기 → 읽기 1 → 읽기 전략 → 어휘 학습 → 읽기 2 → 생각 모으기'

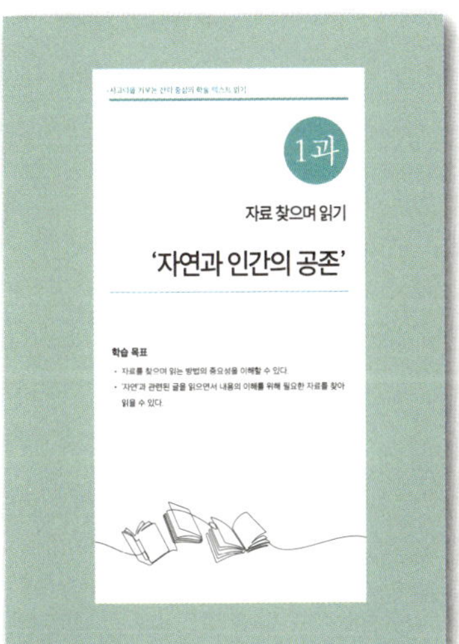

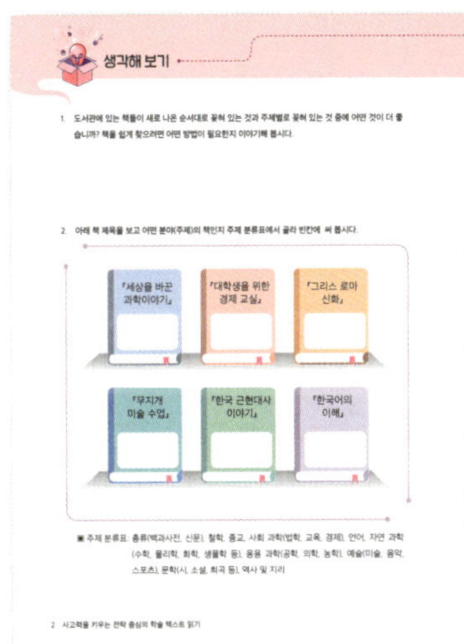

학습 목표

- 각 단원의 첫 장은 학습자가 본 단원의 주제와 학습 방향을 명확히 이해할 수 있도록 구성함.
- 각 과에서 다룰 읽기 전략을 제시하였으며 이어 단원의 주제를 나타내는 제목으로 구성함.
- 학습 목표를 구체적으로 명시하여 학습자가 단원을 시작하기 전에 성취해야 할 내용을 미리 인식하도록 함.

생각해 보기

- 각 단원은「생각해 보기」로 시작함.
- 이 부분은 학습자가 본격적인 읽기에 들어가기 전에 주제와 관련된 배경지식을 환기하고 자신의 경험과 연결할 수 있도록 설계함.
- 주제에 대한 흥미를 높이는 동시에 이후 학습 과정에서 읽기 전략을 효과적으로 적용할 수 있게 함.

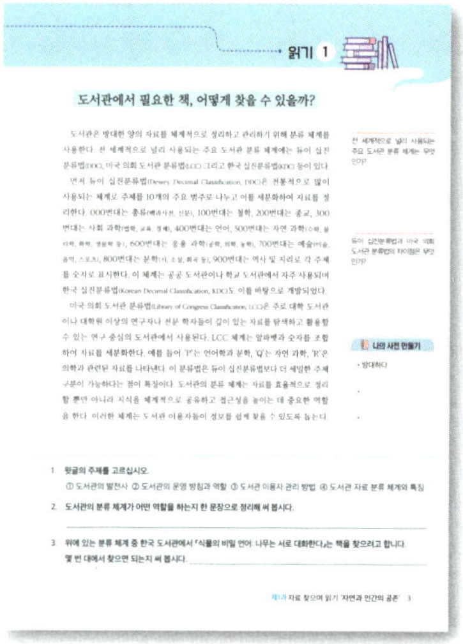

읽기 1

- 「읽기 1」에서는 비교적 짧으면서도 핵심적인 글을 제시함.
- 주제 이해와 읽기 전략 적용의 기초를 다질 수 있도록 구성함.
- 본문 옆의 '날개 질문'은 텍스트의 주요 내용을 다시 생각해 보고 비판적으로 접근할 수 있는 기회를 제공하고자 함.
- '나만의 사전 만들기' 활동은 학습자가 새로운 어휘와 개념을 정리하여 학습자별로 맞춤화된 활동이 가능하도록 함.
- 본문을 읽은 후 이해 확인 질문을 통해 학습자가 글의 내용을 얼마나 파악했는지 점검하고 읽기 전략을 실제로 적용하는 경험을 하도록 설계함.

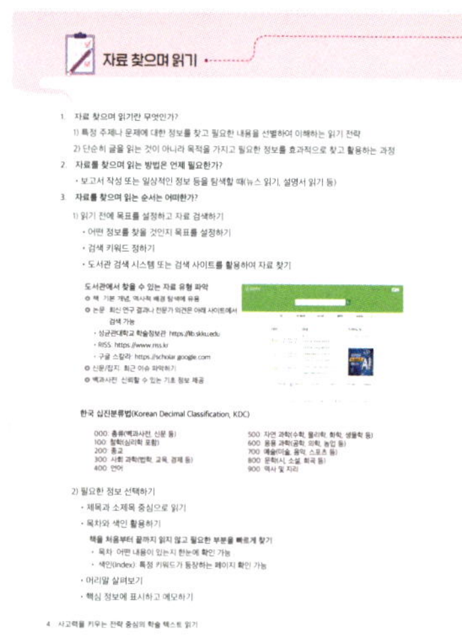

읽기 전략

- 해당 주제와 연결된 읽기 전략을 구체적으로 학습할 수 있게 구성함.
- 학습자가 전략 사용의 목적을 이해하도록 내용을 구성함.
- 예시와 활동을 통해 학습자가 전략을 직접 연습하고 자기 주도적으로 활용할 수 있게 구성함.
- 이러한 과정을 통해 학습자가 단순히 글을 읽는 것을 넘어 효율적이고 목적 지향적인 읽기 능력을 향상시킬 수 있도록 함.

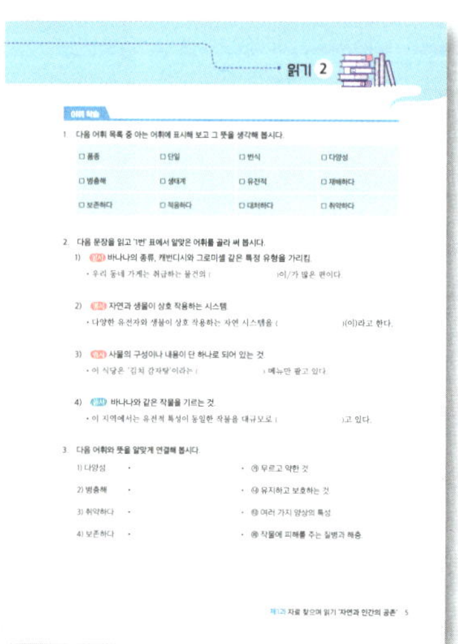

어휘 학습

- 「읽기 2」의 핵심 어휘를 중심으로 다양한 유형의 어휘 문제를 제시함.

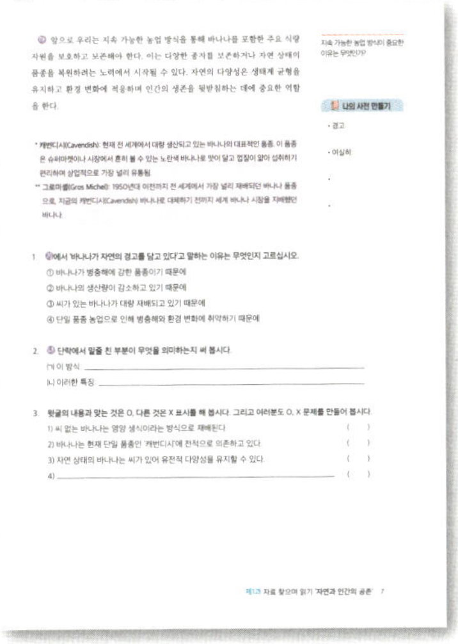

읽기 2

- 핵심 어휘는 본문 속에서 음영 처리하여 학습자가 글의 내용을 읽는 과정에서 중요한 어휘를 자연스럽게 인식하고 맥락 속에서 의미를 파악할 수 있도록 구성함.
- 「읽기 1」과 동일하게 '날개 질문'과 '나만의 사전 만들기' 활동을 통해 학습자의 이해와 어휘 활용 능력을 확장하도록 함.
- 심화된 읽기를 바탕으로 주제를 깊이 탐구하고 말하기와 쓰기 활동으로 연계하여 기능 통합 능력을 향상할 수 있도록 구성함.

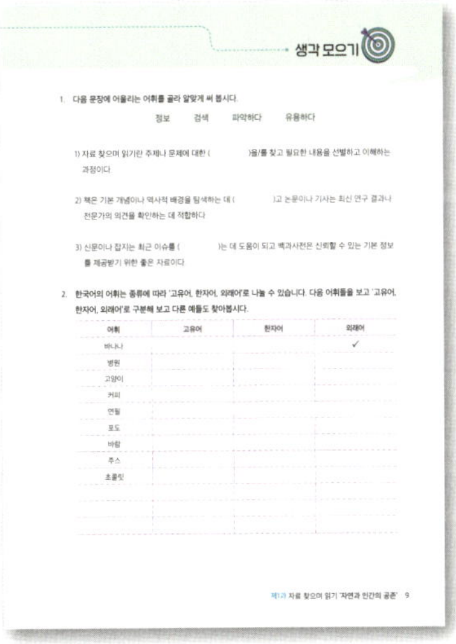

생각 모으기

- 각 단원의 마지막에 제시되는 「생각 모으기」는 학습한 내용을 정리하고 확장하는 단계로 구성함.
- 각 단원에서 다룬 읽기 전략을 다시 확인·정리하여 학습자가 전략을 내면화할 수 있도록 함.
- 본문에 등장한 어휘 확장 문제를 통해 학습자가 새로운 어휘를 적용·연습하면서 어휘력을 향상할 수 있도록 함.

이와 같은 구성으로 학습자가 읽기 전략을 체계적으로 습득하고 다양한 분야의 학술 텍스트를 비판적으로 이해하여 대학 수학에 필요한 학문 목적 읽기 능력을 발달시킬 수 있도록 하였다.

차 례

1과 자료 찾으며 읽기
'자연과 인간의 공존' ······ 1

2과 예측하며 읽기
'내 안의 나' ······ 11

3과 요약하며 읽기
'함께하는 힘' ······ 21

4과 글의 종류 파악하며 읽기
'예술과 교육' ······ 31

5과 설명 방법 확인하며 읽기
'건강과 나' ······ 41

6과 글의 구조 분석하며 읽기
'문화에 따라 달라지는 선택' ······ 51

7과 논증 방법 이해하며 읽기
'사회적 책임' ······ 61

8과 능동적으로 해결하며 읽기
'현명한 선택과 소비' ······ 71

9과 관점과 형식의 차이 파악하며 읽기
'인공 지능이 만든 세상' ······ 81

10과 적절한 근거를 들어 문학 작품 해석하기
'삶과 사랑 이야기' ······ 91

<부록>
독서 계획표 ······ 104
어휘 예습을 위한 활동지 ······ 108
모범 답안 ······ 132

1과

자료 찾으며 읽기

'자연과 인간의 공존'

학습 목표

- 자료를 찾으며 읽는 방법의 중요성을 이해할 수 있다.
- '자연'과 관련된 글을 읽으면서 내용의 이해를 위해 필요한 자료를 찾아 읽을 수 있다.

생각해 보기

1. 도서관에 있는 책들이 새로 나온 순서대로 꽂혀 있는 것과 주제별로 꽂혀 있는 것 중에 어떤 것이 더 좋습니까? 책을 쉽게 찾으려면 어떤 방법이 필요한지 이야기해 봅시다.

2. 아래 책 제목을 보고 어떤 분야(주제)의 책인지 주제 분류표에서 골라 빈칸에 써 봅시다.

▣ 주제 분류표: 총류(백과사전, 신문), 철학, 종교, 사회 과학(법학, 교육, 경제), 언어, 자연 과학(수학, 물리학, 화학, 생물학 등), 응용 과학(공학, 의학, 농학), 예술(미술, 음악, 스포츠), 문학(시, 소설, 희곡 등), 역사 및 지리

읽기 1

도서관에서 필요한 책, 어떻게 찾을 수 있을까?

도서관은 방대한 양의 자료를 체계적으로 정리하고 관리하기 위해 분류 체계를 사용한다. 전 세계적으로 널리 사용되는 주요 도서관 분류 체계에는 듀이 십진분류법(DDC), 미국 의회 도서관 분류법(LCC) 그리고 한국 십진분류법(KDC) 등이 있다.

먼저 듀이 십진분류법(Dewey Decimal Classification, DDC)은 전통적으로 많이 사용되는 체계로 주제를 10개의 주요 범주로 나누고 이를 세분화하여 자료를 정리한다. 000번대는 총류(백과사전, 신문), 100번대는 철학, 200번대는 종교, 300번대는 사회 과학(법학, 교육, 경제), 400번대는 언어, 500번대는 자연 과학(수학, 물리학, 화학, 생물학 등), 600번대는 응용 과학(공학, 의학, 농학), 700번대는 예술(미술, 음악, 스포츠), 800번대는 문학(시, 소설, 희곡 등), 900번대는 역사 및 지리로 각 주제를 숫자로 표시한다. 이 체계는 공공 도서관이나 학교 도서관에서 자주 사용되며 한국 십진분류법(Korean Decimal Classification, KDC)도 이를 바탕으로 개발되었다.

미국 의회 도서관 분류법(Library of Congress Classification, LCC)은 주로 대학 도서관이나 대학원 이상의 연구자나 전문 학자들이 깊이 있는 자료를 탐색하고 활용할 수 있는 연구 중심의 도서관에서 사용된다. LCC 체계는 알파벳과 숫자를 조합하여 자료를 세분화한다. 예를 들어 'P'는 언어학과 문학, 'Q'는 자연 과학, 'R'은 의학과 관련된 자료를 나타낸다. 이 분류법은 듀이 십진분류법보다 더 세밀한 주제 구분이 가능하다는 점이 특징이다. 도서관의 분류 체계는 자료를 효율적으로 정리할 뿐만 아니라 지식을 체계적으로 공유하고 접근성을 높이는 데 중요한 역할을 한다. 이러한 체계는 도서관 이용자들이 정보를 쉽게 찾을 수 있도록 돕는다.

전 세계적으로 널리 사용되는 주요 도서관 분류 체계는 무엇인가?

듀이 십진분류법과 미국 의회 도서관 분류법의 차이점은 무엇인가?

나의 사전 만들기

- 방대하다:
-
-

1. **윗글의 주제를 고르십시오.**
   ① 도서관의 발전사 ② 도서관의 운영 방침과 역할 ③ 도서관 이용자 관리 방법 ④ 도서관 자료 분류 체계와 특징

2. **도서관의 분류 체계가 어떤 역할을 하는지 한 문장으로 정리해 써 봅시다.**

   ____

3. **위에 있는 분류 체계 중 한국 도서관에서 『식물의 비밀 언어: 나무는 서로 대화한다』는 책을 찾으려고 합니다. 몇 번 대에서 찾으면 되는지 써 봅시다.** ______________________________

자료 찾으며 읽기

1. **자료 찾으며 읽기란 무엇인가?**
   1) 특정 주제나 문제에 대한 정보를 찾고 필요한 내용을 선별하여 이해하는 읽기 전략
   2) 단순히 글을 읽는 것이 아니라 목적을 가지고 필요한 정보를 효과적으로 찾고 활용하는 과정
2. **자료를 찾으며 읽는 방법은 언제 필요한가?**
   - 보고서 작성 또는 일상적인 정보 등을 탐색할 때(뉴스 읽기, 설명서 읽기 등)
3. **자료를 찾으며 읽는 순서는 어떠한가?**
   1) 읽기 전에 목표를 설정하고 자료 검색하기
      - 어떤 정보를 찾을 것인지 목표를 설정하기
      - 검색 키워드 정하기
      - 도서관 검색 시스템 또는 검색 사이트를 활용하여 자료 찾기

도서관에서 찾을 수 있는 자료 유형 파악

◎ 책: 기본 개념, 역사적 배경 탐색에 유용

◎ 논문: 최신 연구 결과나 전문가 의견은 아래 사이트에서 검색 가능

- 성균관대학교 학술정보관: https://lib.skku.edu
- RISS: https://www.riss.kr
- 구글 스칼라: https://scholar.google.com

◎ 신문/잡지: 최근 이슈 파악하기

◎ 백과사전: 신뢰할 수 있는 기초 정보 제공

<성균관대학교 학술정보관 홈페이지 첫 화면>

한국 십진분류법(Korean Decimal Classification, KDC)

000: 총류(백과사전, 신문 등)
100: 철학(심리학 포함)
200: 종교
300: 사회 과학(법학, 교육, 경제 등)
400: 언어
500: 자연 과학(수학, 물리학, 화학, 생물학 등)
600: 응용 과학(공학, 의학, 농업 등)
700: 예술(미술, 음악, 스포츠 등)
800: 문학(시, 소설, 희곡 등)
900: 역사 및 지리

   2) 필요한 정보 선택하기
      - 제목과 소제목 중심으로 읽기
      - 목차와 색인 활용하기

책을 처음부터 끝까지 읽지 않고 필요한 부분을 빠르게 찾기

- 목차: 어떤 내용이 있는지 한눈에 확인 가능
- 색인(Index): 특정 키워드가 등장하는 페이지 확인 가능

      - 머리말 살펴보기
      - 핵심 정보에 표시하고 메모하기

어휘 학습

1. 다음 어휘 목록 중 아는 어휘에 표시해 보고 그 뜻을 생각해 봅시다.

□ 품종	□ 단일	□ 번식	□ 다양성
□ 병충해	□ 생태계	□ 유전적	□ 재배하다
□ 보존하다	□ 적응하다	□ 대처하다	□ 취약하다

2. 다음 문장을 읽고 '1번' 표에서 알맞은 어휘를 골라 써 봅시다.

1) 명사 바나나의 종류, 캐번디시와 그로미셸 같은 특정 유형을 가리킴.
- 우리 동네 가게는 취급하는 물건의 (　　　　　　　　)이/가 많은 편이다.

2) 명사 자연과 생물이 상호 작용하는 시스템.
- 다양한 유전자와 생물이 상호 작용하는 자연 시스템을 (　　　　　　　　)(이)라고 한다.

3) 명사 사물의 구성이나 내용이 단 하나로 되어 있는 것.
- 이 식당은 '김치 감자탕'이라는 (　　　　　　　　) 메뉴만 팔고 있다.

4) 동사 바나나와 같은 작물을 기르는 것.
- 이 지역에서는 유전적 특성이 동일한 작물을 대규모로 (　　　　　　　　)고 있다.

3. 다음 어휘와 뜻을 알맞게 연결해 봅시다.

1) 다양성 •　　　　• ㉮ 무르고 약한 것.

2) 병충해 •　　　　• ㉯ 유지하고 보호하는 것.

3) 취약하다 •　　　　• ㉰ 여러 가지 양상의 특성.

4) 보존하다 •　　　　• ㉱ 작물에 피해를 주는 질병과 해충.

씨 없는 바나나의 경고

바나나의 주요 품종 두 가지는 무엇인가?

가 바나나는 달콤하고 간단하게 먹을 수 있어서 전 세계적으로 가장 사랑받는 과일 중 하나이다. 그러나 우리가 즐겨 먹는 바나나는 단순한 과일 이상의 의미가 있다. 바로 자연이 보내는 중요한 경고를 담고 있기 때문이다. 현재 전 세계에서 대량 생산되는 바나나는 단일 품종인 '**캐번디시**(Cavendish)'*에 전적으로 의존하고 있다. 이 품종은 생산 효율성이 뛰어나지만 유전적 다양성이 부족해 병충해와 환경 변화에 아주 취약하다. 과거에 '**그로미셸**(Gros Michel)'** 품종이 병으로 인해 거의 멸종된 사례는 단일 품종 농업이 지닌 위험성을 여실히 보여준다.

씨 없는 바나나가 현대 농업에 미치는 영향은 무엇인가?

나 현대 농업에서는 씨가 없는 바나나를 영양 생식이라는 방식으로 대량 재배하고 있다. (ㄱ) 이 방식은 유전적 특성이 동일한 품종을 빠르게 확산시키는 데 좋지만 유전적 다양성을 제한하여 병충해와 환경 변화에 매우 취약한 구조를 만든다. 자연 상태의 씨가 있는 바나나는 번식 과정에서 다양성을 유지하며 병충해나 환경 변화에 적응할 수 있었지만 대량 생산 체계 속에서는 (ㄴ) 이러한 특징이 사라졌다.

바나나의 사례가 주는 의미는 무엇인가?

다 이러한 바나나의 사례는 우리에게 자연의 다양성을 유지하는 것이 얼마나 중요한지 깨닫게 한다. 유전적 다양성은 단순히 생태계를 유지하는 것이 아니라 우리의 식량 공급과 생존에도 직접적인 영향을 미친다. 씨 없는 바나나를 보며 우리는 단일 품종에 의존하는 농업 방식의 위험성과 자연의 경고를 다시 생각해 보아야 한다.

라 특히 기후 변화로 인해 전 세계 농업 환경이 급격히 변하고 있는 지금, 유전적 다양성을 보존하는 노력이 더욱 중요하다. 다양성을 확보하면 병충해와 환경 변화에 대처할 수 있는 작물의 생존 가능성이 높아진다. 바나나뿐만 아니라 쌀, 밀, 옥수수와 같은 주요 작물에서도 다양한 품종을 개발하고 보존하는 것이 절대적으로 필요하다. 씨 없는 바나나를 보며 우리는 자연이 얼마나 중요한 메시지를 보내고 있는지 다시 한번 생각해 봐야 한다.

마 앞으로 우리는 지속 가능한 농업 방식을 통해 바나나를 포함한 주요 식량 자원을 보호하고 보존해야 한다. 이는 다양한 종자를 보존하거나 자연 상태의 품종을 복원하려는 노력에서 시작될 수 있다. 자연의 다양성은 생태계 균형을 유지하고 환경 변화에 적응하며 인간의 생존을 뒷받침하는 데에 중요한 역할을 한다.

지속 가능한 농업 방식이 중요한 이유는 무엇인가?

나의 사전 만들기

- 경고:
- 여실히:
-
-

* **캐번디시(Cavendish)**: 현재 전 세계에서 대량 생산되고 있는 바나나의 대표적인 품종. 이 품종은 슈퍼마켓이나 시장에서 흔히 볼 수 있는 노란색 바나나로 맛이 달고 껍질이 얇아 섭취하기 편리하며 상업적으로 가장 널리 유통됨.

** **그로미셸(Gros Michel)**: 1950년대 이전까지 전 세계에서 가장 널리 재배되던 바나나 품종으로, 지금의 캐번디시(Cavendish) 바나나로 대체하기 전까지 세계 바나나 시장을 지배했던 바나나.

1. 가에서 '바나나가 자연의 경고를 담고 있다'고 말하는 이유는 무엇인지 고르십시오.

① 바나나가 병충해에 강한 품종이기 때문에

② 바나나의 생산량이 감소하고 있기 때문에

③ 씨가 있는 바나나가 대량 재배되고 있기 때문에

④ 단일 품종 농업으로 인해 병충해와 환경 변화에 취약하기 때문에

2. 나 단락에서 밑줄 친 부분이 무엇을 의미하는지 써 봅시다.

(ㄱ) 이 방식: ______________________________

(ㄴ) 이러한 특징: ______________________________

3. 윗글의 내용과 맞는 것은 O, 다른 것은 X 표시를 해 봅시다. 그리고 여러분도 O, X 문제를 만들어 봅시다.

1) 씨 없는 바나나는 영양 생식이라는 방식으로 재배된다. ( )

2) 바나나는 현재 단일 품종인 '캐번디시'에 전적으로 의존하고 있다. ( )

3) 자연 상태의 바나나는 씨가 있어 유전적 다양성을 유지할 수 있다. ( )

4) ______________________________ ( )

4. 윗글을 읽고 나서 식물의 다양성과 관련해 더 알고 싶은 내용이 있습니까? 인터넷에서 필요한 자료를 찾아봅시다.

질문	정리한 내용
더 알고 싶은 내용은 무엇입니까?	예) 바나나에 발생하는 파나마병이란?
알고 싶은 내용을 어떻게 찾습니까?	• 더 알고 싶은 내용을 찾아보기 위한 키워드는 무엇입니까?
	• 더 알고 싶은 내용을 어디에서 찾습니까? • 필요한 내용이 있는지 확인해 봅시다.
찾은 내용은 무엇입니까?	예) 파나마병은 곰팡이가 바나나 나무뿌리를 썩게 하는 현상을 말한다.

5. 도서관을 방문해서 이번 학기에 읽을 책을 직접 골라 봅시다.

❶ 어떤 분야의 책을 읽고 싶습니까? 구체적으로 주제를 정해 봅시다.
예) 심리학, 경제학, 미술, 건강, 천문학 등

주제:

❷ 읽고 싶은 책을 도서관에서 찾아봅시다. 그리고 책 정보를 써 봅시다.

제목			
저자		출판사	
이 책을 선정한 이유			

* 책을 선택할 때 어떤 점에 주의해야 합니까?

1. 너무 어려운 어휘나 표현이 많지 않은 책을 선택한다. (전공 서적은 선택하지 마세요!)
2. 자신의 관심사와 관련된 흥미로운 주제의 책을 선택한다.
3. 한 학기 동안 읽을 수 있는 분량의 책을 선택한다. (장편 소설은 선택하지 마세요!)
4. ______________________________

* 부록에 있는 '독서 계획표'를 사용하여 작성해 봅시다.

생각 모으기

1. **다음 문장에 어울리는 어휘를 골라 알맞게 써 봅시다.**

정보 검색 파악하다 유용하다

1) 자료 찾으며 읽기란 주제나 문제에 대한 (   )을/를 찾고 필요한 내용을 선별하고 이해하는 과정이다.

2) 책은 기본 개념이나 역사적 배경을 탐색하는 데 (   )고 논문이나 기사는 최신 연구 결과나 전문가의 의견을 확인하는 데 적합하다.

3) 신문이나 잡지는 최근 이슈를 (   )는 데 도움이 되고 백과사전은 신뢰할 수 있는 기본 정보를 제공받기 위한 좋은 자료이다.

2. **한국어의 어휘는 종류에 따라 '고유어, 한자어, 외래어'로 나눌 수 있습니다. 다음 어휘들을 보고 '고유어, 한자어, 외래어'로 구분해 보고 다른 예들도 찾아봅시다.**

어휘	고유어	한자어	외래어
바나나			✓
병원			
고양이			
커피			
연필			
포도			
바람			
주스			
초콜릿			

2과

예측하며 읽기

'내 안의 나'

학습 목표

- 글에 나타난 정보를 바탕으로 예측하며 읽는 방법을 알 수 있다.
- '심리'와 관련된 글을 읽으면서 예측하는 방법을 통해 글의 내용을 파악할 수 있다.

생각해 보기

1. 여러분은 어떤 사람입니까? '자신에게 해당하는 것'에 체크(∨) 표시를 해 봅시다.

외향형(E) - 내향형(I)

- □ 새로운 사람들을 만나는 것이 즐겁습니까? (E)
- □ 혼자만의 시간이 필요합니까? (I)

감각형(S) - 직관형(N)

- □ 세부 사항에 주의를 기울이는 편입니까? (S)
- □ 큰 그림을 보고 아이디어를 내는 것을 좋아합니까? (N)

사고형(T) - 감정형(F)

- □ 결정을 내릴 때 논리와 분석을 중시합니까? (T)
- □ 결정을 내릴 때 사람들의 감정과 조화를 중시합니까? (F)

판단형(J) - 인식형(P)

- □ 계획을 세우고 그 계획을 따르는 것을 좋아합니까? (J)
- □ 유연하고 즉흥적으로 행동하는 것을 좋아합니까? (P)

활동 팁 16가지 유형 중 내가 지향하는 유형을 찾아 실제의 나와의 차이점을 이야기해 볼 수 있습니다.

ISTJ 청렴한 관리자	ISFJ 호기심 많은 보호자	INFJ 통찰력 있는 조언자	INTJ 전략적으로 생각하는 사람
책임감이 강하며 조직적인 성향. 규칙과 절차를 중시함.	따뜻하고 세심하며 사람을 잘 돌봄. 안정적이고 실용적인 성격.	직관이 뛰어나며 사람들을 돕고 이상적인 세상을 추구.	독립적이고 목표 지향적이며 창의적인 문제 해결을 선호함.
ISTP 유능한 전문가	**ISFP** 차분한 예술가	**INFP** 열정적인 중재자	**INTP** 논리적으로 생각하는 사람
실용적이고 능동적임. 현실적이며 긴급한 상황에서도 침착함.	자유롭고 예술적 감각이 뛰어남. 현재를 즐기며 타인과의 조화로운 관계를 중요시함.	감정적이고 공감 능력이 뛰어남. 창의적이고 자기표현을 중요시함.	논리적이고 독립적이며 분석적 사고를 선호함.
ESTP 모험적인 활동가	**ESFP** 자유로운 연예인	**ENFP** 열정적인 활동가	**ENTP** 논쟁을 즐기는 발명가
활동적이며 현실적이고 도전을 즐기며 타인과의 상호작용을 선호함.	사교적이고 현재를 즐기며 사람들과의 관계를 중요시함.	창의적이고 열정적이며 자유롭게 살아감.	창의적이고 논리적이며 새로운 아이디어를 추구함.
ESTJ 실용적인 관리자	**ESFJ** 사교적인 제공자	**ENFJ** 인간 중심의 지도자	**ENTJ** 결단력 있는 지도자
현실적이고 조직적이며 규칙과 질서를 중시함.	따뜻하고 사교적이며 사람들에게 도움을 주는 것을 좋아함.	관계를 중시하며 타인을 돕는 데 열정적임.	목표 지향적이고 전략적이며 효율성을 중요시함.

2. 나와 같은 성향의 친구들과 만나 다음 상황에서 무엇이 같고 다른지에 대해 이야기해 봅시다.

여행갈 때	과제할 때	친구를 사귈 때
✓ 계획적	✓	✓
✓ 즉흥적	✓	✓

읽기 1

제목:

MBTI의 E(외향)와 I(내향)는 사람들이 어떻게 에너지를 얻고 사회적 관계를 맺는지가 다르다. 외향형(E)은 사람들과의 만남에서 에너지를 얻고 새로운 상황에 빠르게 적응하는 편이다. 반면 내향형(I)은 혼자 있는 시간을 통해 에너지를 충전하며 신중하고 깊이 있는 관계를 선호한다.

외향형과 내향형은 에너지를 얻는 방식이 어떻게 다른가?

이러한 성향의 차이는 각자의 강점이 발휘되는 상황에서도 드러난다. 외향형은 사람들과의 관계 형성, 리더십이 요구되는 환경에 빠르게 적응하며 팀워크, 발표, 고객 응대와 같은 활동에서 두각을 나타낸다. 대학에서는 발표 수업이나 동아리 활동에 적극적으로 참여하며 능력을 발휘할 수 있다. 반면 내향형은 관찰력과 집중력이 뛰어나 기획, 글쓰기, 연구 활동 등에 강점이 있다. 조별 과제에서는 의견을 조율하는 역할보다는 자료를 정리하거나 내용을 분석하는 역할에 더 잘 맞는다.

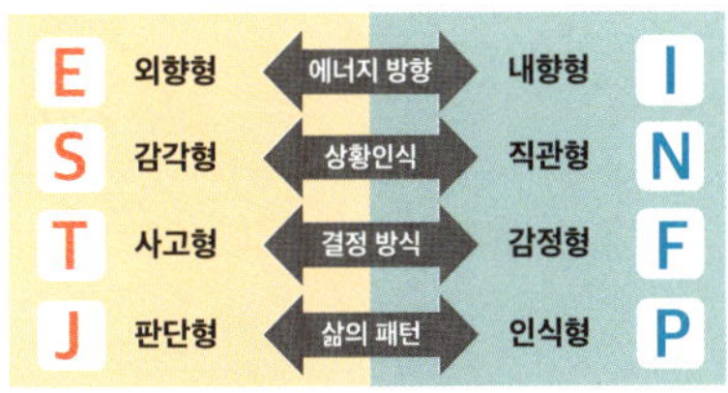

<MBTI 성격 유형>

MBTI 성격 유형의 특징을 몇 가지로 나누어 설명할 수 있는가?

이처럼 외향형과 내향형은 서로 다른 강점이 있다. 중요한 것은 이러한 성향 자체를 바꾸려고 하기보다는 상황에 맞는 전략을 선택하는 것이다. 심리학에서는 이를 '상황에 맞는 자기 조절 능력'이라고 한다. 예를 들어 내향적인 사람도 중요한 발표 자리나 회식과 같이 외향적인 태도가 필요한 상황에서는 자신을 조절해 좀 더 적극적이고 개방적인 모습을 보일 수 있어야 한다. 마찬가지로 외향적인 사람도 회의나 면담처럼 조용히 경청해야 하는 상황에서는 자신의 에너지를 조절해 상황에 맞게 행동할 수 있어야 한다.

나의 사전 만들기

- 선호하다:
- 발휘하다:
-
-

1. 윗글의 내용과 같은 것을 모두 고르십시오. (두 개)

① 내향인은 리더십이 필요한 환경에서 실력을 발휘할 가능성이 높다.

② 외향인은 신중한 편이기 때문에 다른 사람들의 의견을 잘 듣는 편이다.

③ 내향인은 조별 과제에서 내용을 정리하거나 분석하는 역할이 잘 맞는다.

④ 외향인은 발표 수업이나 고객 응대 등에 적극성을 발휘하는 상황에서 강점이 있다.

2. 윗글에 어울리는 제목을 만들어 봅시다.

예측하며 읽기

예측이란 미리 추측하는 것으로, 예측하며 읽기는 제목, 목차, 글의 사진, 그림이나 그래프 등을 활용해 글의 내용이나 구조, 글쓴이의 주장이나 근거 등을 미리 짐작하여 읽는 것을 말한다. 예측하며 읽는 방법은 다음과 같다.

1. 글을 읽기 전에 글의 제목을 보고 내용을 예측한다.

2. 글에 나타난 정보 즉 글의 소제목, 삽화나 사진, 도표 등을 통해 이어질 내용을 예측한다.

제목	• 글의 주제나 화제를 포함하여 글의 내용을 압축하여 제시하므로 글의 중심이 되는 내용을 짐작할 수 있음.
소제목	• 필자가 의도한 글 전체의 구조를 파악하는 데 도움이 됨. • 독자가 필요로 하는 정보가 어디에 있는지 미리 판단하여 접근하는 데 도움을 줌.
삽화나 사진	• 글의 내용 이해를 돕기 위해 제시되므로 글의 내용을 짐작할 수 있음.
도표	• 글의 내용의 핵심을 도표로 보여 주므로 도표의 내용을 상세하게 풀어서 설명할 것임을 짐작할 수 있음.

3. 자신의 배경지식이나 경험을 활용하여 글의 내용을 예측한다.

예) 다음 글을 읽으면서 나의 배경지식이나 경험을 떠올려 일치하는지 생각해 봅시다.

MBTI에서 어떤 유형이 서로 잘 맞고 또 어떤 유형이 서로 잘 맞지 않을까?

MBTI에서 INFJ와 ENFP는 서로 잘 맞는 유형이다. 두 사람은 모두 창의적이고 사람을 도와주려는 마음이 강하다. 서로의 아이디어를 존중한다는 점에서 잘 맞는다. 반면 ESTJ와 INFP는 잘 맞지 않을 수 있다. ESTJ는 규칙과 질서를 중시하는 편이지만 INFP는 자유롭고 개인적인 가치에 집중해서 의견 차이가 클 수 있기 때문이다.

읽기 2

어휘 학습

1. 다음 문장에 어울리는 어휘를 골라 알맞게 써 봅시다.

감정　　한계　　논리적　　세밀하다　　모호해지다

1) 명사 기쁘거나 슬프거나 화나는 마음.
- 사람들이 자신의 (　　　　　　　　)을/를 정확히 표현하지 못하면 오해가 생길 수 있다.

2) 명사 생각이나 말이 체계적이고 합리적인 방식으로 정리된 것.
- 오늘 발표한 조의 주장은 근거가 명확하고 (　　　　　　　　)이었다.

3) 형용사 매우 정밀하고 작은 부분까지 주의 깊게 다루는 것.
- 데이터의 정확성을 높이려면 (　　　　　　　　)(으)ㄴ 분석이 필요하다.

2. 다음 어휘와 뜻을 알맞게 연결해 봅시다.

1) 긴장 •	• ㉮ 불안하거나 초조한 상태.
2) 한계 •	• ㉯ 뚜렷하지 않고 희미하게.
3) 방어적 •	• ㉰ 어떤 것이 가능하거나 허용되는 범위.
4) 막연히 •	• ㉱ 상대의 공격이나 비판에 대응하려는 태도.

3. 다음을 읽고 빈칸에 알맞은 말을 써 봅시다.

많은 사람들은 감정을 막연히 '기분이 나빠!' 또는 '짜증 나!'와 같은 단순한 말로 표현한다. 그러나 이런 표현은 감정의 원인을 정확히 파악하기 어렵게 만들고 상황을 논리적으로 정리하는 데에도 어려움을 준다. 그래서 감정을 세밀하게 나누어 표현하는 능력인 '감정 세분화'가 최근 심리학에서 큰 관심을 받고 있다.

1) 감정을 단순하게 말하면 감정의 (　　　　　　　　)을/를 정확히 알기 어렵다.

2) 심리학에서는 감정을 세밀하게 나누는 능력을 '(　　　　　　　　)'(이)라고 한다.

다음은 감정을 나타내는 어휘들입니다. 빈칸에 적절한 것을 써 봅시다.

기쁨	슬픔	두려움	분노
✓ 기쁘다	✓ 슬프다	✓ 불안하다	✓ 화나다
✓ 감격스럽다	✓ 괴롭다	✓ 무섭다	✓ 억울하다
✓	✓	✓	✓
✓	✓	✓	✓

다음 글의 제목을 보고 이 글의 내용을 예측해 봅시다.

내 감정을 더 정확히 이해하는 방법

'내 언어의 한계는 곧 내 세계의 한계'는 어떤 의미인가?

가 철학자 루트비히 비트겐슈타인(Ludwig Wittgenstein, 1889-1951)은 '내 언어의 한계는 곧 내 세계의 한계'라고 하면서, 어휘를 넓혀서 우리의 세계를 더욱 넓게 이해할 수 있음을 강조했다. 이는 감정 표현에도 그대로 적용된다. 많은 사람들이 '화가 난다, 기쁘다, 슬프다' 같은 단순한 감정 표현을 사용한다. 그러나 이런 표현만으로는 우리의 미묘하고 복잡한 감정을 충분히 설명하지 못한다. 감정을 더 세밀하게 표현하는 것은 어떤 변화를 가져올까?

감정 표현에서 '감정 세분화'란 무엇인가?

나 감정을 더 세밀하게 나누어 표현하는 능력을 감정 세분화라고 한다. 심리학자 리사 펠드먼 배럿(Lisa Feldman Barrett)*은 감정을 세분화하는 것이 실제로 감정을 더 깊이 이해하고 이를 바탕으로 더 나은 행동을 할 수 있도록 돕는다고 설명한다. 예를 들어 과제 제출 후 교수님께 자신의 생각보다 좋지 않은 피드백을 받았을 때 '나는 스트레스를 받는다'고만 하면 상황이 모호해진다. 그러나 '내 노력이 인정받지 못한 것 같아 실망스럽고 속상하다'고 표현하면 문제의 원인이 더 명확해진다. 이렇게 표현하면 '어떻게 하면 내 노력을 더 잘 보여 줄 수 있을까?'라는 해결책을 찾는 단계로 넘어갈 수 있다.

감정 세분화가 뇌의 감정 처리 방식에 미치는 긍정적인 영향은 무엇인가?

다 흥미롭게도 감정을 더 세밀하게 표현하면 뇌가 스트레스를 더 효율적으로 관리할 수 있다고 한다. 감정에 정확한 이름을 붙이는 과정을 통해 뇌가 상황을 더 논리적으로 정리할 수 있도록 돕기 때문이다. 예를 들어 시험을 앞두고 막연히

'불안하다'고 생각하는 것보다 '나는 준비가 부족해서 걱정된다.' 또는 '결과가 기대만큼 안 나올까 봐 두렵다.'라고 표현하면 불필요한 긴장을 줄여 문제 해결에 필요한 에너지를 더 효율적으로 쓸 수 있게 해 준다.

라 감정 세분화는 타인과의 관계를 개선하는 데에도 큰 역할을 한다. 친구가 약속을 어겼을 때 "너 때문에 화가 났어!"라고 하면 상대방은 방어적으로 반응할 가능성이 크다. 하지만

라고 말하면 상대방이 상황을 더 잘 이해하고 미안한 감정을 느낄 가능성이 커진다. 이는 갈등을 피하는 것이 아니라 감정을 솔직하게 전달하면서도 관계를 더 건강하게 유지하는 방법이다.

마 그렇다면 감정 세분화를 어떻게 연습할 수 있을까? 간단한 방법 몇 가지를 소개하면 다음과 같다.

감정 세분화를 연습하는 방법은 무엇인가?

- **감정 일기 쓰기**: 하루 동안 느낀 감정을 기록하면서 단순한 감정 어휘 대신 구체적인 표현을 사용해 보자. 예를 들어 "정말 짜증 났어." 대신 "기다리는 시간이 길어서 참는 것이 힘들었어."라고 써 보는 것이다.
- **감정 어휘 목록 만들기**: 다양한 감정 표현을 모아 두고 평소에 자주 사용하는 어휘 대신 그때 상황에 맞는 더 적절한 어휘를 찾아 본다.
- **감정 대화 나누기**: 일상에서 "오늘 어땠어?"라는 질문에 "그냥 괜찮아."라고 대답하는 대신 좀 더 구체적인 감정을 말해 보는 연습을 해 본다.

나의 사전 만들기

- 심리학자:
-
-
-
-

감정을 정확히 표현하는 것은 단순히 말하는 기술이 아니라 삶을 더 깊이 이해하고 더 건강한 관계를 만들어 가는 중요한 능력이다. 이제부터는 "화가 나.", "슬퍼!"로 끝내지 말고, 내 감정을 좀 더 구체적으로 표현해 보는 것은 어떨까?

* **리사 펠드먼 배럿(Lisa Feldman Barrett)**: 감정 과학 분야의 연구자. 미국 노스이스턴 대학교 심리학 교수이자 메사추세츠 종합병원 과학자이다. 책 『감정은 어떻게 만들어지는가? How Emotions Are Made』에서 감정의 세분화와 뇌의 역할을 설명하며, 감정을 세밀하게 이해하는 능력이 심리와 신체 건강에 미치는 긍정적 영향에 대해 주목한다.

1. 앞의 내용을 바탕으로 ㉣의 빈칸에 들어갈 말을 예측해 봅시다.

2. 윗글의 내용과 맞는 것은 O, 다른 것은 X 표시를 해 봅시다. 그리고 여러분도 O, X 문제를 만들어 봅시다.

1) 감정 세분화는 타인과의 관계 개선에 영향을 미치지 않는다. (   )

2) 감정을 세밀하게 표현하는 것은 불필요한 긴장을 줄이고 해결책을 찾는 데 도움을 준다. (   )

3) 감정을 세분화하는 것은 단순한 언어 기술이 아니라 삶을 더 깊이 이해하는 데 중요하다. (   )

4) ________________________________ (   )

5) ________________________________ (   )

3. 윗글의 내용을 자신의 경험과 연결지어 생각해 본 후 친구들과 이야기해 봅시다.

1) 여러분은 감정을 세분화하여 표현해 본 적이 있습니까? 그때 어떤 효과가 있었습니까?

2) 오늘 하루 동안 느낀 감정을 기록하고 더 구체적으로 표현하는 연습을 해 봅시다.

예) "오늘 짜증 났다."

→ "오늘 점심시간에 줄이 너무 길어서 기다리는 게 힘들고 지루했다."

1. 다음 문장에 어울리는 어휘를 골라 알맞게 써 봅시다.

제목　　배경지식　　이어지다　　사회에 미칠 효과

1) 글에 나타난 정보 등을 통해 (　　　　　　　　)(으)ㄹ 내용을 예측한다.

2) 글을 읽기 전에 글의 (　　　　　　　　)을/를 보고 내용을 예측한다.

3) 자신의 (　　　　　　　　)(이)나 경험을 활용하여 글의 내용을 예측한다.

4) 글을 쓰는 데 영향을 미친 사회·문화적 상황을 고려하여 글쓴이의 의도나 글이 (　　　　　　　　) 등을 예측한다.

2. 다음 어휘와 뜻을 알맞게 연결해 봅시다.

1) 고정 관념(固定 觀念) •	• ㉮ 늘 일정하게 벌어들이는 수입.
2) 고정 상태(固定 狀態) •	• ㉯ 특정한 방송 프로그램에 매회 나가는 일.
3) 고정 수입(固定 收入) •	• ㉰ 일정한 상태나 위치가 변하지 않고 유지되는 것.
4) 고정 인원(固定 人員) •	• ㉱ 잘 변하지 아니하는, 행동을 주로 결정하는 확고한 의식이나 관념.
5) 고정 출연(固定 出演) •	• ㉲ 특정한 조직, 모임, 팀, 행사 등에서 변동 없이 일정하게 유지되는 인원.

3과

요약하며 읽기

'함께하는 힘'

학습 목표

- 글의 내용을 요약하는 방법을 이해할 수 있다.
- '협력'과 관련된 글에서 글의 목적에 맞게 내용을 요약하며 읽을 수 있다.

생각해 보기

1. 다음은 '협력'에 대한 설명입니다. 협력이란 무엇인지 정리해 보고 '협동'과 '협업'의 뜻도 생각해 봅시다.

어떤 일을 하려면 시간이 오래 걸릴 수 있지만 여럿이 힘을 모으면 훨씬 빠르고 쉽게 끝낼 수 있다. 예를 들어 혼자 하면 10시간이 걸리는 일을 10명이 함께 하면 1시간 안에 마칠 수도 있다. 이렇게 함께 힘을 모아 일하는 것을 '협력'이라고 한다.

'협력'과 비슷한 말로 '협동'과 '협업'이 있다. 협동은 서로 역할을 나누어 도와주는 것이고 협업은 각자의 능력을 살려 함께 일하는 것을 말한다. 벌이나 개미도 함께 일하지만 그건 유전적으로 정해진 방식대로 움직이는 것이어서 사람처럼 스스로 계획하고 협력하는 것과는 다르다.

사람은 서로 소통하고 의견을 나누며 함께 일할 수 있기 때문에 더 좋은 생각을 만들고 더 큰 일을 해낼 수 있다. 그래서 협력은 우리가 살아가는 데 꼭 필요한 능력이다.

- 협력:
- 협동:
- 협업:

2. '협동'에 대한 내용을 인터넷에서 찾아봅시다. 그리고 간단하게 정리한 내용을 서로 이야기해 봅시다.

- 동물 행동학에서 협동이란?
- 사회 심리학에서 협동이란?
- 협동의 장점과 단점은 무엇인가?

읽기 1

협업의 힘: 백지장도 맞들면 낫다

한국어 속담에 '백지장도 맞들면 낫다.'라는 속담이 있다. 아주 얇고 가벼운 종이 한 장도 혼자 드는 것보다 함께 들면 훨씬 쉽다는 뜻이다. 이것은 우리가 살아가는 모든 순간에 적용되는 중요한 원리이다. 협업은 단순히 여러 사람이 모여 일하는 것이 아니라 각자의 역할을 나누고 부족한 부분을 보완하면서 더 나은 결과를 만들어가는 과정이다.

자연에서도 협업의 힘을 쉽게 찾아볼 수 있다. 개미들은 협력하여 자신보다 몇십 배 무거운 먹이를 운반하고, 기러기들은 'V자 모형'으로 날면서 바람의 저항을 가장 적게 해서 오랫동안 서로 날 수 있게 돕는다. 이러한 협력 덕분에 개미들은 더 큰 목표를 이룰 수 있고 기러기들은 더 멀리 날 수 있는 것이다.

우리 사회에서도 협업은 매우 중요하다. 학교에서 조별 과제를 할 때 한 사람이 모든 역할을 맡으면 힘들고 효율도 떨어진다. 하지만 한 사람은 자료를 조사하고, 다른 사람은 시각 자료를 제작하고, 또 다른 사람은 발표를 준비하는 등 역할을 나누면 훨씬 수월하게 과제를 끝낼 수 있다. 케이 팝(K-pop) 그룹도 마찬가지이다. 노래를 잘하는 멤버, 춤을 잘 추는 멤버 등 각자의 개성을 살리면서 함께 멋진 무대를 만들어 간다.

그러나 협업이 항상 쉬운 것은 아니다. 의견이 안 맞을 수도 있고 역할이 명확하지 않으면 오히려 비효율적일 수도 있다. 그렇기 때문에 원활한 소통과 조율이 필수적이다. 서로 열린 마음으로 대화하고 서로를 존중할 때 더욱 강한 팀워크를 만들 수 있다.

'백지장도 맞들면 낫다.'라는 속담의 의미는 무엇인가?

자연에서 찾아볼 수 있는 협업의 예에는 어떤 것이 있는가?

인간 사회에서 찾아볼 수 있는 협업의 예에는 어떤 것이 있는가?

나의 사전 만들기

• 역할:

• 소통:

• 조율:

1. **다음 중 글의 내용과 일치하는 것을 모두 고르십시오. (두 개)**
   ① 협업이 항상 쉬운 것은 아니며 원활한 소통과 조율이 필요하다.
   ② 협업은 각자의 역할을 나누고 부족한 부분을 보완하는 과정이다.
   ③ 한 사람이 모든 역할을 맡으면 더 빠르고 효율적인 결과를 낼 수 있다.
   ④ 기러기들은 혼자 날아가는 것이 협업하는 것보다 더 멀리 날아갈 수 있다.

2. **윗글의 주제를 한 문장으로 쓰십시오.**

____

요약하며 읽기

1. 요약하며 읽기란 무엇인가?
   - 글의 주요 내용을 간단히 정리하며 읽는 것임.
2. 요약하며 읽기의 효과는 무엇인가?
   1) 글의 내용을 체계적으로 이해할 수 있음.
   2) 읽은 내용을 효과적으로 기억하는 것에 도움이 됨.
   3) 핵심 내용을 선별하고 구조를 파악하는 능력을 길러 학습에 도움이 됨.
3. 요약하며 읽는 것은 어떻게 이루어지는가?
   1) 문단의 중요 단어나 핵심어가 있는 문장을 **선택하기**
   2) 세부 내용이나 반복되는 내용을 **삭제하기**
   3) 여러 개의 설명이나 개념을 상위어로 **대체하기**

   예) 우리 가족의 취미는 다양하다. 아버지는 배드민턴을 주말마다 치시고, 어머니는 거의 매일 조깅을 하신다. 오빠는 일요일마다 축구를 하고 나와 동생은 야구를 좋아해서 야구장에 자주 간다.
   → 우리 가족의 취미는 **운동**이다.

   4) 전체 내용을 자신의 언어로 **재구성하기**

정보 전달을 위한 글에서는 중요한 정보를 중심으로 요약하기

예) 커피는 전 세계에서 가장 인기 있는 음료 중 하나로 매일 많은 사람들이 즐겨 마신다. 커피는 원두에 따라 크게 두 가지로 나눌 수 있는데 하나는 '아라비카'고 다른 하나는 '로부스타'다. 먼저 아라비카 원두는 전체 커피 생산의 약 60~70%를 차지한다. 부드럽고 달콤한 맛과 향이 강하다. 반면 로부스타 원두는 강한 쓴맛과 카페인 함량이 높다. 그래서 주로 인스턴트 커피와 에스프레소 블렌드에 사용된다.

▶ 커피는 전 세계적으로 인기 있는 음료로 **아라비카**와 **로부스타** 두 가지 원두로 나뉜다. 아라비카는 **부드럽고 달콤한 맛**이 나며 로부스타는 **쓴맛과 높은 카페인 함량**이 특징이다.

설득을 위한 글에서는 필자의 주장이나 의견을 중심으로 요약하기

예) 스마트폰과 컴퓨터는 현대 생활에서 매우 중요하다. 그러나 과도한 사용은 건강에 여러 가지 부작용을 초래할 수 있는데 그중에서 눈 건강에 미치는 영향이 크다. 예를 들어 화면을 오랜 시간 바라보면 눈의 피로와 건조함을 느낄 수 있다. 또한 블루 라이트는 수면에 영향을 주기 때문에 잠을 자기 어렵게 만들 수 있다. 따라서 디지털 기기를 사용하는 시간을 조절하는 것이 필요하다.

▶ 스마트폰과 컴퓨터의 과도한 사용은 **눈 건강에 악영향**을 미칠 수 있다. 오랜 시간 화면을 보면 눈이 피로하고 건조해지며 블루 라이트는 수면을 방해할 수 있다. 따라서 **디지털 기기 사용 시간을 조절하는 것이 중요**하다.

어휘 학습

1. 다음 문장에 어울리는 어휘를 골라 알맞게 써 봅시다.

혁신적　　디지털 기술　　발휘하다　　설정하다

1) 명사 인터넷, AI, 빅데이터 등 정보 처리를 가능하게 하는 기술.
   - 미래 사회에서는 (　　　　　　　　)이/가 발전하면서 협업과 소통이 더욱 원활해질 것이다.

2) 동사 목표나 기준을 정하여 세우다.
   - 문제가 발생하지 않도록 프로젝트 목표를 미리 (　　　　　　　　)는 것이 중요하다.

3) 명사 기존의 방식을 뛰어넘어 새로운 변화를 만들어 내는 것.
   - 시대가 변하면서 기업들은 제품을 만들 때 점점 더 (　　　　　　　　)인 전략을 도입하고 있다.

4) 동사 가지고 있는 능력이나 재능을 충분히 드러내어 나타내다.
   - 위기 상황에서도 침착함을 (　　　　　　　　)는 사람이 진정한 지도자라고 할 수 있다.

2. 다음 글을 읽고 (　　) 안에 들어갈 알맞은 어휘를 골라 써 봅시다.

소통　　집단 지성　　적극적　　효과적　　보완하다　　협력하다

여러 사람이 함께 생각하고 문제를 해결하는 능력을 (　　　　　)(이)라고 한다. 집단 지성이 잘 작동하려면 사람들 사이에 (　　　　　)와/과 정보 공유가 원활해야 한다. 또한 구성원들이 (　　　　　)으로 참여하고 서로 (　　　　　)아야/어야 더 좋은 결과를 얻을 수 있다. 다른 사람의 생각을 받아들이고 부족한 부분을 (　　　　　)는 자세도 중요하다. 이러한 조건이 갖추어질 때 집단 지성은 매우 (　　　　　)으로 작동할 수 있다.

집단 지성의 힘

집단 지성의 의미는 무엇인가?

가 인간은 오랜 역사 동안 협력을 통해 문제를 해결하고 사회를 발전시켜 왔다. 특히 현대 사회에서는 다수의 사람이 협력하여 더 나은 결과를 만들어 내는 집단 지성의 개념이 점점 더 중요해지고 있다. 집단 지성이란 여러 사람이 힘을 합쳐 어려운 문제를 해결하는 과정에서 개별 지성을 넘어 새로운 지적 능력을 발휘하는 현상을 의미한다. 이는 단순한 정보 공유를 넘어 서로의 지식을 결합하고 보완하면서 더욱 발전된 해결책을 찾아가는 과정이라 할 수 있다.

과거에 집단 지성은 어떤 모습이었나?

나 과거에는 집단 지성이 주로 한정된 공동체나 조직 내에서 이루어졌으나 인터넷과 디지털 기술의 발전으로 전 세계 사람들이 참여하는 형태로 확장되었다. 대표적인 예로 온라인 백과사전인 위키백과(Wikipedia)를 들 수 있다. 위키백과는 특정 전문가가 정보를 작성하는 것이 아니라 전 세계 사람들이 자유롭게 내용을 추가하고 수정할 수 있다. 이러한 방식은 집단의 협력을 통해 방대한 양의 정보를 축적하고 지속적으로 개선할 수 있게 한다.

집단 지성이 효과적인 이유는 무엇인가?

다 집단 지성은 먼저 다양한 배경과 경험을 가진 사람들이 협력해야 창의적이고 혁신적인 아이디어가 나올 수 있다. 또한 여러 사람이 함께 문제를 분석하고 해결책을 모색함으로써 보다 빠른 문제 해결이 가능하다. 어떤 한 개인이 잘못된 정보를 입력하더라도 다른 사람들이 이를 보완하고 수정할 수 있어, 집단 지성을 통해 더욱 신뢰할 수 있는 결과를 도출할 수 있다는 점도 장점이다.

그러나 집단 지성이 항상 긍정적인 결과를 보장하는 것은 아니다. 잘못된 정보가 빠르게 확산될 수도 있으며 다수의 의견이 항상 옳은 것은 아닐 수도 있다. 따라서 ㉠ 집단 지성을 효과적으로 활용하기 위해서는 몇 가지 중요한 조건이 필요하다. 우선 협력하는 사람들 사이에 명확한 목표가 설정되어 있어야 하며 열린 사고와 자유로운 토론이 가능해야 한다. 또한 참여자들이 적극적으로 지식과 경험을 공유하는 환경이 조성되어야 하며 효율적인 소통 구조가 마련되어야 한다.

㉣ 앞으로 디지털 기술이 발전하면서 집단 지성의 역할은 점점 더 확대될 것이다. 인공 지능(AI)과 빅데이터 분석 기술이 결합되면 더욱 효과적인 협업이 가능해질 것이다. 과거에는 '누가 더 많은 정보를 갖고 있는가'가 중요했다면 앞으로는 '어떻게 정보를 공유하고 협력하는가'가 더욱 중요한 시대가 될 것이다. 집단 지성은 현대 사회가 더욱 창의적이고 발전적인 방향으로 나아가는 데 중요한 역할을 하며 우리는 이를 활용하여 더 나은 사회를 만들어 갈 수 있을 것이다.

디지털 기술이 집단 지성에 미치는 영향은 무엇인가?

나의 사전 만들기

- 공유:
-
-
-

1. 위에서 읽은 내용을 요약해 봅시다.

처음	㉮	집단 지성이란 여러 사람이 협력하여 개별 지성을 넘어서는 지적 능력을 발휘하는 현상이다. 현대 사회에서는 협력을 통해 더 나은 해결책을 찾는 과정이 점점 더 중요해지고 있다.
중간	㉯	
	㉰	
끝	㉱	

2. 다음 중 집단 지성이 적용된 사례로 적절한 것을 고르십시오.

① 혼자서 연구 논문을 작성하는 것
② 개인이 정보를 다 가지고 공유하지 않는 것
③ 여러 사람이 위키백과에서 정보를 추가하고 수정하는 것
④ 한 사람이 모든 결정을 내리고 다른 사람들은 그것을 따르는 것

3. ㉠을 읽고 집단 지성이 이루어지기 위한 조건으로 옳지 않은 것을 고르십시오.

① 명확한 목표 설정
② 지식과 경험의 적극적 공유
③ 구성원 간의 자유로운 토론 가능성
④ 개인의 독립적인 판단과 실행 권한 보장

4. 윗글의 내용과 맞는 것은 O, 다른 것은 X 표시를 해 봅시다. 그리고 여러분도 O, X 문제를 만들어 봅시다.

1) 집단 지성은 정보 공유를 통해 더욱 발전할 수 있다. (　　)
2) 집단 지성은 긍정적인 결과로 이어지므로 잘못된 정보가 확산되는 일은 없다. (　　)
3) ______________________________ (　　)

5. 인터넷에서 아래 주제 중 하나를 골라 필요한 정보를 찾아서 정리해 봅시다.

❶ 주제를 정해 봅시다.

예) 집단 지성의 역사, 인터넷이 집단 지성에 미친 영향, 집단 지성의 예…….

주제:

❷ 팀의 역할을 정해 봅시다.

역할	이름
자료 조사	
글쓰기	
발표	

❸ 조사한 내용을 정리해 봅시다.

-
-
-

❹ 조사한 내용을 발표해 봅시다.

1. 다음은 어떤 전략을 사용하여 요약했는지 번호를 찾아 써 봅시다.

♣ 요약하며 읽기의 전략
① 전체 내용을 자신의 언어로 구성한다.
② 세부 내용이나 반복되는 내용을 삭제한다.
③ 문단의 중요 단어나 핵심 문장을 찾아 선택한다.
④ 여러 개의 용어나 개념을 상위 수준의 말로 바꾼다.

1)

우리 사회에서도 협업은 매우 중요하다. 학교에서 조별 과제를 할 때 한 사람이 모든 역할을 맡으면 힘들고 효율도 떨어진다. 하지만 한 사람은 자료를 조사하고 다른 사람은 발표를 준비하며 또 다른 사람은 시각 자료를 제작하는 등 역할을 나누면 훨씬 수월하게 과제를 끝낼 수 있다. K-POP 그룹도 마찬가지다. 노래를 잘하는 멤버, 춤을 잘 추는 멤버, 예능에서 활약하는 멤버 등 각각의 개성을 살리면서 함께 멋진 무대를 만들어 간다.

→

우리 사회에서도 협업은 매우 중요하다. 학교에서 조별 과제를 할 때 ~~한 사람이 모든 역할을 맡으면 힘들고 효율도 떨어진다. 하지만 한 사람은 자료를 조사하고 다른 사람은 발표를 준비하며 또 다른 사람은 시각 자료를 제작하는 등~~ 역할을 나누면 훨씬 수월하게 과제를 끝낼 수 있다. K-POP 그룹도 마찬가지다. ~~노래를 잘하는 멤버, 춤을 잘 추는 멤버, 예능에서 활약하는 멤버 등~~ 각각의 개성을 살리면서 함께 멋진 무대를 만들어 간다.

2)

이 문장은 단락에서 중요한 것 같다.

AI와 빅데이터 등은 '디지털 기술'이라는 개념으로 생각할 수 있겠다.

디지털 기술이 발전하면서 집단 지성의 역할은 점점 더 확대되고 있다. 인공 지능(AI)과 빅데이터 분석 기술이 결합되면 더욱 효과적인 협업과 혁신이 가능해질 것이다. 과거에는 '누가 더 많은 정보를 갖고 있는가'가 중요했다면 앞으로는 '어떻게 정보를 공유하고 협력하는가'가 더욱 중요한 시대가 될 것이다. 집단 지성은 현대 사회가 더욱 창의적이고 발전적인 방향으로 나아가는 데 중요한 역할을 하며 앞으로도 우리는 이를 활용하여 더 나은 사회를 만들어갈 수 있을 것이다.

2. '-적(的)'은 명사와 함께 써서 '어떤 성질을 가지고 있다'는 뜻입니다. '-적(的)'이 들어가는 어휘를 <읽기 2>에서 찾아보고 '예'와 같이 어휘로 문장을 만들어 봅시다.

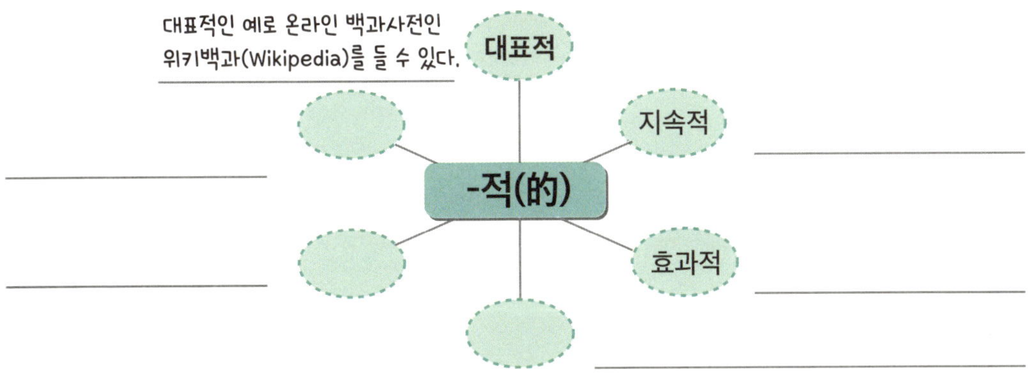

4과

글의 종류 파악하며 읽기

‘예술과 교육’

학습 목표

- 글의 종류 중 설명문, 논설문의 특징을 알 수 있다.
- ‘예술과 교육’에 관련된 글의 종류를 파악하며 글을 읽을 수 있다.

생각해 보기

1. 아래의 기사 제목을 읽고 기사의 내용을 한 문장으로 만들어 봅시다.

① 영화 '영웅' 인기 효과, 원작 베스트셀러 1위

영화 '영웅'이 인기를 얻으면서 원작이 판매량 1위를 차지했다.

② 노벨상 '반짝' 효과… 출판업 생산 한 달 만에 마이너스

③ 영화는 연극으로, 뮤지컬은 영화로…장르 넘나드는 공연들 늘어

2. '연극'과 '영화'와 관련된 기사를 인터넷에서 검색하고 읽은 내용을 정리해 봅시다.

<연극 관련 기사>

- 기사 제목: ____________________
- 내용 정리:

<영화 관련 기사>

- 기사 제목: ____________________
- 내용 정리:

읽기 1

영화와 연극은 무엇이 같고 다른가?

영화와 연극은 모두 공연 예술의 일종으로 관객에게 이야기를 전달하는 방법이지만 그 방식과 특징에는 몇 가지 차이점이 있다. 두 매체는 각각 다른 장점과 특징이 있으며 그로 인해 공통점과 차이점이 나타난다.

먼저 영화와 연극의 공통점을 살펴보자. 영화와 연극은 모두 배우가 등장하여 대사를 하고 이야기가 진행된다. 관객은 두 매체를 통해 등장인물들의 감정 변화나 사건의 전개를 따라가며 이야기의 흐름을 이해한다. (㉠) 영화와 연극은 둘 다 연출이 중요하며 음악과 조명, 배경 등을 통해 분위기와 감정을 전달한다는 점에서 비슷하다.

그러나 차이점도 뚜렷하다. 가장 큰 차이점은 상영 방식이다. 영화는 영화관이나 집에서 TV, 컴퓨터 등을 통해 여러 번 볼 수 있는 반면, 연극은 무대에서 직접 공연이 이루어지며 한 번의 공연으로 끝난다. 연극은 실시간 공연이기 때문에 공연의 분위기나 배우의 표현을 그날, 그 시간에만 경험할 수 있다는 특성이 있다. 그러나 영화는 여러 번의 촬영이 가능하고 촬영 후에도 편집을 통해 감독이나 제작자가 의도한 대로 세밀하게 표현할 수 있다. (㉡) 장소와 제작 과정에서도 차이가 있다. 영화는 촬영을 위해 다양한 장소를 사용하고 컴퓨터 그래픽이나 특수 효과를 이용하여 사실적이고 환상적인 장면을 만들 수 있다. 반면 연극은 대부분 무대 위에서 공연이 이루어져 장소와 소품, 조명 등이 상대적으로 간단하다.

결론적으로 영화와 연극은 모두 예술적인 형태로 관객에게 분위기와 감정, 이야기를 전달하는 매체지만 상영 방식과 제작 과정에서 차이를 보인다.

영화와 연극의 공통점은 무엇인가?

영화와 연극의 차이점은 무엇인가?

나의 사전 만들기

- 등장하다:
- 대사:
-

1. (㉠)과 (㉡)에 공통으로 들어갈 알맞은 말을 고르십시오.

① 혹시　② 또한　③ 비록　④ 과연

2. 윗글의 내용과 같은 것을 모두 고르십시오. (두 개)

① 연극과 영화는 상영 방식이 동일하다.

② 연극과 영화는 제작 과정에 있어 차이가 있다.

③ 연극과 영화는 편집이 가능하고 실시간 공연이라는 특징이 있다.

④ 연극과 영화의 목적은 관객에게 감정과 이야기를 전달하는 데 있다.

3. 윗글은 무엇에 대해 설명하는 글인지 윗글의 주제를 '무엇이 어떠하다'의 형태로 만들어 봅시다.

글의 유형 파악하기

글은 인문, 예술, 사회, 문화, 과학, 기술 등 다양한 분야를 다룬다. 글의 유형은 다양한 설명 방법을 활용하여 주제를 제시하는 글, 다양한 논증 방법을 활용하여 주장을 제시하는 글, 생각과 감정이 함축적이고 복합적으로 제시된 글로 나눌 수 있다. 설명 방법을 활용하여 설명하는 글은 독자에게 어떤 개념, 지식, 정보 등을 알기 쉽게 전달하기 위해 쓰는 글로 설명문, 안내문 등이 대표적이다. 논증 방법을 활용하여 주장하는 글은 필자가 자신의 생각이나 주장을 드러내고 독자를 설득하기 위해 쓰는 글로 논설문, 비평문, 광고문 등이 있다. 생각과 감정이 제시되는 글은 이야기글이라고 하는데 필자가 사건이나 인물의 행동을 시간의 흐름에 따라 풀어내며 재미나 감동을 주기 위해 쓰는 글로 소설, 전기 등이 있다. 학술적인 글에 주로 등장하는 것은 설명문과 논설문이다. 설명문과 논설문을 더 자세히 살펴보자.

1. **설명문**: 어떤 주제나 대상에 대해 구체적으로 설명하는 글로 독자가 이해할 수 있도록 사실과 정보를 정리해서 전달하는 것이 중요하다. 설명문은 주제에 대한 정확한 이해와 설명을 바탕으로 **무엇이 어떠한지**를 기술하는 글이다.

   예시) 인상주의는 19세기 후반 프랑스에서 시작된 미술 운동으로 빛과 색의 변화를 강조한다. 인상파 화가들은 전통적인 미술 기법을 벗어나 자연의 변화를 담기 위해 빠른 붓질과 밝은 색감을 사용했다. 대표적인 화가로는 클로드 모네, 피에르 오귀스트 르누아르, 에드가 드가 등이 있다.

2. **논설문**: 어떤 주제에 대해 자신의 의견을 제시하고 그 의견을 논리적으로 뒷받침하는 글이다. 논설문은 주로 독자를 설득하려는 데 목적이 있다. 따라서 논설문은 주제에 대한 정확한 주장과 근거를 바탕으로 **무엇이 어떠해야 한다**는 주장을 논리적으로 기술하는 글이다.

   예시) 오늘날 학교에서 미술 교육을 더 강화해야 한다.(주장) 한 대학에서 진행된 실험에서는 미술 교육을 받은 학생들이 비판적 사고와 창의적인 사고가 필요한 문제 해결 과제에서 더 높은 점수를 받았다고 한다.(근거) 따라서 미술 교육을 확대하고 학생들이 다양한 예술적 경험을 쌓을 수 있도록 해야 한다.(주장)

어휘 학습

1. 다음 문장에 어울리는 어휘를 골라 알맞게 써 봅시다.

종종 성과 집중력 밀리다 강화되다

1) 적당한 실내 온도는 공부할 때 ( )을/를 높여 준다.

2) 예술 분야에서의 ( )은/는 때때로 수많은 실패와 실험을 통해 쌓여간다.

3) 예술가는 ( ) 자신의 감정을 작품에 담아내며 그 속에서 깊은 의미를 전달한다.

4) 최근 몇 년 간 예술 교육이 ( )아/어 많은 학교에서 다양한 예술 프로그램을 도입했다.

5) 전시회에서 후순위로 ( )(으)ㄴ 작품이지만 시간이 흐를수록 그 가치를 더 인정받게 되었다.

2. 다음 어휘와 뜻을 알맞게 연결해 봅시다.

1) 박자 •	• ㉮ 일을 잘 판단하고 처리해 내는 재능과 지식.
2) 인지 •	• ㉯ 음악적 시간을 구성하는 기본적 단위, 보통 마디와 일치한다.
3) 정서 •	• ㉰ 다른 것을 모방함이 없이 새로운 것을 처음으로 만들어 내거나 생각해 내는 것.
4) 독창적 •	• ㉱ 사람의 마음에 일어나는 여러 가지 감정, 또는 감정을 불러일으키는 기분이나 분위기.

음악과 미술 교육은 왜 중요한가?

오늘날 교육 현장에서 학생들에게 중요한 과목은 많지만 예술 교육, 특히 음악과 미술 교육은 종종 후순위로 밀리는 경우가 많다. 하지만 음악과 미술 교육은 학생들의 전반적인 발전에 중요한 영향을 미친다는 점에서 반드시 강화되어야 한다. 이에 대한 여러 연구 결과와 자료들이 그 필요성을 뒷받침하고 있다.

첫째, 음악 교육은 학생들의 인지 능력과 학업 성취에 긍정적인 영향을 미친다. 2014년 미국에서 발표된 연구에 따르면 음악을 배운 학생들이 수학, 언어 능력, 특히 읽기 능력에서 더 높은 성과를 보였다. 음악 수업에서 다루는 리듬, 박자와 같은 요소들은 뇌의 문제 해결 능력과 집중력을 키우는 데 큰 도움이 된다. 또한 음악을 배우는 과정에서 언어 능력이 향상된다는 연구 결과도 있다. 음악과 언어의 구조가 비슷하여 음악 수업이 학생들의 언어 이해력과 발음을 개선하는 데 중요한 역할을 한다는 것이다. 이러한 연구 결과는 음악 교육이 학생들이 다른 과목을 학습하는 데에도 긍정적인 영향을 미친다는 것을 보여 준다.

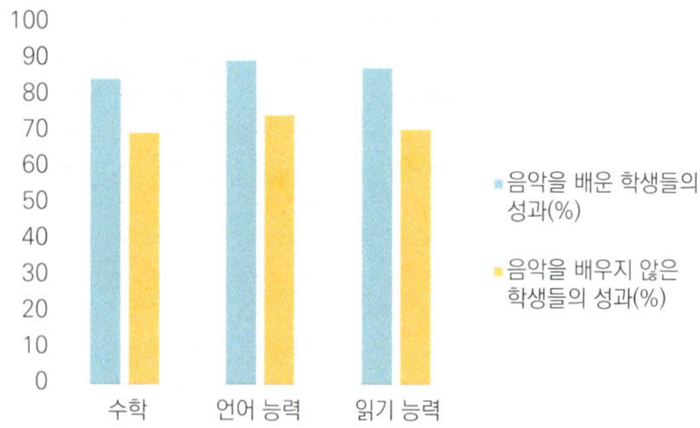

<표 1> 음악을 배운 학생과 배우지 않은 학생과의 성취 결과 비교

둘째, 미술 교육은 학생들의 창의력과 비판적 사고를 키우는 데 매우 중요하다. 2015년의 연구에서는 미술 교육을 받은 학생들이 배우지 않은 학생들에 비해 창의적이고 비판적인 사고 능력이 뛰어나며 문제 해결 능력이 우수하다는 결과가 발표된 바 있다. 미술은 학생들에게 자기표현의 기회를 제공하고 상상력과 창의성을 발휘할 수 있는 환경을 만들어 준다. 이러한 상상력과 창의성 발휘는 학생들이 다양한 시각에서 문제를 바라보게 하고 독창적인 해결 방법을 제시할 수 있는 능력을 길러준다.

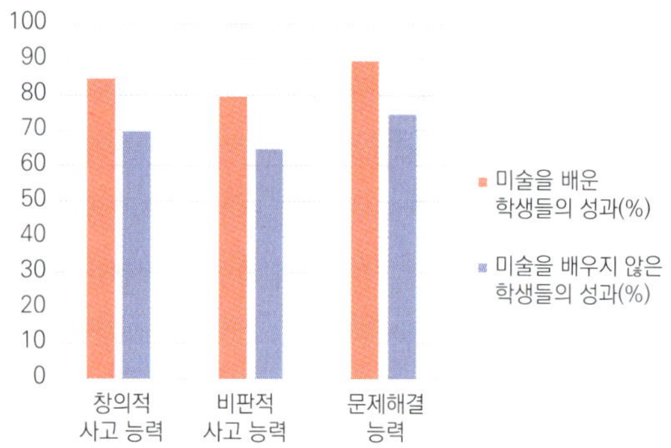

<표 2> 미술을 배운 학생과 배우지 않은 학생과의 성취 결과 비교

셋째, 미술과 음악 교육은 정서 발달에 중요한 역할을 한다. 영국에서 진행된 연구에 따르면 미술 수업에 참여한 학생들이 정서적으로 안정되고 스트레스 수준이 낮아졌다는 결과가 나왔다. 학생들은 미술 작품을 만들면서 감정을 표현하고 이를 통해 자기 이해와 정서적 건강을 증진시킬 수 있다. 음악 역시 학생들이 감정을 표현하는 중요한 방법 중의 하나로 음악을 통해 스트레스를 해소하거나

긍정적인 감정을 표현하는 능력을 기를 수 있다.

넷째, 사회적 기술 또한 음악과 미술 교육을 통해 발전시킬 수 있다. 음악과 미술은 모둠별 활동을 통해 학생들이 협동심과 소통 능력을 배울 수 있게 한다. 예를 들어 합창단이나 오케스트라에서 학생들은 서로 소통하여 아름다운 소리를 완성해 가고 미술 수업에서도 팀 프로젝트를 통해 서로 의견을 나누고 협력하는 과정을 경험할 수 있다. 이러한 활동은 학생들이 사회적 관계를 맺고 협력하는 법을 배우는 데 큰 도움이 된다.

결론적으로 음악과 미술 교육은 단순히 예술적인 기술을 배우는 것 이상의 중요한 가치가 있다. 연구 결과들에 따르면 예술 교육은 학생들의 인지 능력, 창의력과 비판적 사고, 정서 발달, 사회적 기술 등 다양한 측면에서 긍정적인 영향을 준다. 그러나 현재 학교 교육에서 예술 교육은 상대적으로 소홀히 다루어지고 있는 실정이다. 이를 개선하기 위해서는 예술 교육의 중요성에 대한 인식을 높이고 학교 교육 과정에 더 많은 예술 활동을 포함시킬 필요가 있다.

예술 교육은 학생들에게 어떤 영향을 주는가?

나의 사전 만들기

- 영향:
-
-
-

1. 음악과 미술 교육이 중요한 이유를 윗글에서 찾아 정리해 봅시다.

음악 교육이 중요한 이유	• 뇌의 문제 해결 능력과 집중력을 키우는 데 큰 도움이 된다. • • • • •
미술 교육이 중요한 이유	• 학생들에게 자기표현의 기회를 제공하고 상상력과 창의성을 발휘할 수 있는 환경을 만들어 준다. • • • •

2. 윗글의 내용을 바탕으로 모둠별로 다음과 같이 O, X 문제를 만들어 봅시다.

1) 오늘날 미술 교육은 음악 교육에 비해 점점 중요해지고 있다. ( )

2) 연구에 따르면 음악을 배운 학생들과 배우지 않은 학생들은 읽기 능력에서 차이를 보였다. ( )

3) ______________________________ ( )

3. 윗글의 주제를 '무엇이 어떠해야 한다'는 구조로 만들어 봅시다.

- 주제:

4. 오늘날 학교 교육에서 수학이나 언어 교육이 강화되는 이유는 무엇이라고 생각하는지 이야기해 봅시다.

5. 다음은 '예술 교육이 필요한가?'에 대한 찬반 의견입니다. 읽은 후 자신의 생각을 정리하여 써 봅시다.

찬성	예술 교육은 학생들에게 창의력과 감수성을 키워주는 중요한 역할을 한다. 예술을 배우면서 학생들은 자신을 표현할 수 있는 다양한 방법을 배우고 상상력과 문제 해결 능력을 기를 수 있다. 또한 예술은 감정을 표현하고 다른 사람들과 소통하는 데 중요한 도구가 된다. 예술 교육을 통해 학생들은 더 넓은 시각을 갖게 되는데 이는 다른 학문이나 생활에서도 큰 도움이 된다. 예술이 주는 감동과 경험은 학생들이 인생을 풍요롭고 다양하게 살아가는 데 필요한 가치 있는 자산이 될 수 있다.
반대	예술 교육은 인생에서 중요한 부분이지만 현재의 교육 현실에서 수학, 과학, 언어와 같은 필수 과목들이 더 우선시되어야 한다고 생각한다. 이러한 기초 학문은 학생들이 사회에 나가서 실제로 직업을 갖고 살아가는 데 필수적인 능력을 배양한다. 예술 교육은 실용적인 학문이 아니기 때문에 수학이나 언어 교육을 먼저 강화하는 것이 학생들의 실용적인 능력을 키우는 데 더 중요하다고 생각한다.
나의 의견 □ 찬성 □ 반대	

생각 모으기

1. 다음을 다시 읽고 주장과 근거로 구분하여 써 봅시다.

❶ 연구 결과에 따르면 음악 교육은 학생들이 다른 과목을 학습하는 데에도 긍정적인 영향을 미친다는 것을 보여 준다.

❷ 음악과 미술 교육은 학생들의 정서적인 안정에 중요한 영향을 미친다는 점에서 반드시 강화되어야 한다.

❸ 예술 교육의 중요성에 대한 인식을 높이고 학교 교육 과정에 더 많은 예술 활동을 포함시킬 필요가 있다.

❹ 2014년 미국에서 발표된 연구에 따르면 음악을 배운 학생들이 수학, 언어 능력, 특히 읽기 능력에서 더 높은 성과를 보였다.

2. '-화(化)'는 '그렇게 만들거나 됨'을 뜻하는 접미사입니다. '-화(化)'가 들어간 어휘를 찾아 문장을 만들어 봅시다.

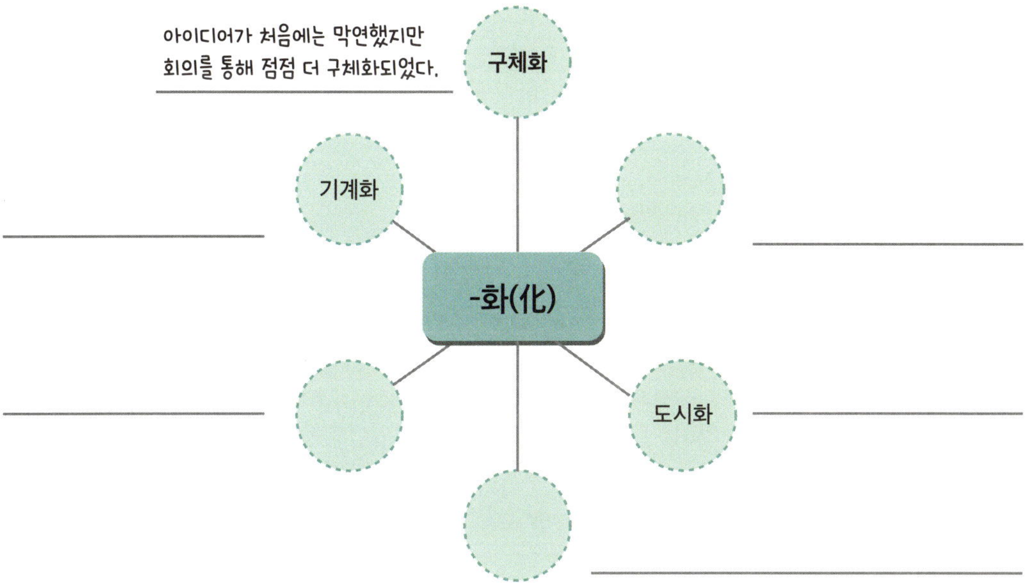

5과

설명 방법 확인하며 읽기

'건강과 나'

학습 목표

- 다양한 설명 방법의 종류와 각각의 특징을 이해할 수 있다.
- '건강'과 관련한 글에 사용된 설명 방법을 파악하며 글을 읽을 수 있다.

생각해 보기

다음은 청국장에 대해 설명하는 글입니다. ( ) 안에 들어갈 알맞은 말을 생각하며 읽어 봅시다.

정신 건강을 지키기 위해서는 영양 섭취가 중요하다. 한국 전통 음식인 청국장은 콩으로 만드는데 청국장을 섭취하면 행복 호르몬이라고 불리는 세로토닌 분비를 촉진시켜 우울감을 (㉠) 데 효과적이다. 한 연구에 따르면 청국장을 꾸준히 섭취한 집단의 스트레스가 줄어들었다. 최근 연구에서는 김치도 정신 건강, 특히 우울증 완화에 긍정적인 영향을 미칠 수 있다는 흥미로운 결과가 나왔다. (㉡) 고지방이나 고염분 음식은 뇌 기능을 저하시킬 수 있으므로 주의가 필요하다. 이처럼 음식은 정신 건강과도 밀접한 관련이 있음을 알 수 있다.

<청국장을 만들기 위한 콩>

<청국장>

1. 윗글의 내용을 바탕으로 (㉠)에 들어갈 알맞은 말을 모두 고르십시오. (두 개)

① 줄이는 ② 지키는
③ 보이는 ④ 완화시키는

2. 윗글의 (㉡)에 들어갈 알맞은 말을 고르십시오.

① 과연 ② 혹시 ③ 반면 ④ 만약

3. 여러분이 아는 음식 중에 정신 건강과 관련이 있는 음식이 있는지 이야기해 봅시다.

예) 바나나는 기분을 좋게 해 주는 성분인 세로토닌이 들어 있어 우울하거나 불안할 때 먹으면 도움이 된다.

<내가 찾은 음식>

읽기 1

제목:

건강은 크게 육체 건강과 정신 건강으로 나눌 수 있다. 사람들은 일반적으로 육체 건강에 더 많은 관심을 기울이지만 정신 건강 역시 매우 중요하다. 여러 연구에 따르면 정신 건강이 육체 건강에 직접적인 영향을 미친다는 사실이 밝혀졌다. 이 글에서는 정신 건강의 중요성을 살펴보고자 한다.

정신 건강은 우리의 감정, 사고, 행동에 영향을 미치는 상태를 말한다. 정신 건강은 육체 건강과 밀접하게 연결되어 있어 두 요소는 서로에게 상호 작용하며 영향을 미친다. 스트레스, 불안, 우울증 등은 정신 건강의 문제로 오늘날 수많은 현대인들이 이러한 문제를 겪는다고 보고되고 있다. 예를 들어 세계보건기구(WHO)는 전 세계적으로 약 3억 명의 사람들이 우울증을 앓고 있으며 이 수치는 매년 증가하고 있다고 한다. 특히 2020년 코로나19 팬데믹 이후, 정신 건강 문제는 더욱 심각해졌다. 질병통제예방센터(CDC)의 연구에 따르면 팬데믹 기간 동안 성인 중 약 40%가 불안증, 우울증 등의 정신 건강 문제를 경험했으며 이 외에도 직장 내 스트레스와 번아웃이 증가하면서 많은 사람들이 정신 건강 문제를 호소하고 있다. 이러한 문제들은 신체 건강뿐만 아니라 사회적, 경제적 활동에도 부정적인 영향을 미치고 있다.

정신 건강의 문제는 신체의 면역 체계를 약화시키고 정신적 고통이 지속되면 일상생활에서의 활동성과 집중력이 저하되어 삶의 질이 떨어지게 된다. 따라서 정신 건강은 육체 건강 못지않게 중요하며 건강한 삶을 유지하고 향상시키는 데에 중요한 요소로 인식되어야 한다.

정신 건강과 육체 건강 중 이 글에서 관심을 갖는 것은 무엇인가?

정신 건강에 문제가 생기면 어떤 결과가 나타나는가?

나의 사전 만들기

- 번아웃:
- 호소하다:
-
-

1. 윗글의 내용과 같은 것을 모두 고르십시오. (두 개)

① 정신 건강은 육체 건강만큼 중요하다고 할 수 있다.

② 정신 건강의 문제는 사회적, 경제적 활동에 나쁜 영향을 준다.

③ 정신 건강의 문제는 팬데믹 기간을 거치면서 점점 줄어들고 있다.

④ 연구에 따르면 정신 건강은 육체 건강에 간접적인 영향을 주는 것으로 나타났다.

2. 윗글의 두 번째 단락을 읽고 정신 건강의 정의를 찾아 써 봅시다.

____

3. 윗글에 어울리는 제목을 만들어 봅시다.

____

설명 방법 확인하기

1. 정의: 어떤 말이나 사물의 뜻을 밝혀 풀이하는 방법

   예) 사랑이란 그 사람을 생각만 해도 설레는 마음이다.

2. 예시: 내용과 관련된 구체적인 예를 들어 제시하는 방법

   예) 사랑은 여러 종류가 있다. 예를 들어 가족 간의 사랑, 친구 간의 사랑, 연인 간의 사랑 등 다양하다.

3. 비교: 둘 이상의 대상을 견주어 공통점을 설명하는 방법

   대조: 둘 이상의 대상을 서로 맞대어 차이점을 설명하는 방법

   예) 축구와 야구는 모두 공을 가지고 하는 경기라는 점, 여럿이 한 팀이 되어 하는 경기라는 점에서 유사하지만(비교) 축구는 전후반의 시간을 정해 놓고 하는 경기지만 야구는 횟수를 정해 놓고 하는 것이 다르다.(대조)

4. 구분: 대상을 일정한 기준에 따라 상위 항목을 하위 항목으로 나누어 설명하는 방법

   분류: 대상을 일정한 기준에 따라 하위 항목을 상위 항목으로 묶어 설명하는 방법

   예) 악기는 연주 방법에 따라 현악기, 관악기, 타악기로 구분할 수 있다.(구분)

   바이올린, 첼로 등은 현악기, 팀파니, 드럼 등은 타악기, 플루트, 색소폰 등은 관악기이다.(분류)

5. 분석: 대상을 그 구성 요소나 부분으로 나누어 설명하는 방법

   예) 곤충은 머리, 가슴, 배로 이루어져 있다.

6. 인과: 대상의 원인과 결과를 중심으로 설명하는 방법

   예) 규칙적인 운동으로 체중을 줄일 수 있다. 운동을 통해 칼로리를 소모하면 체중이 줄어들기 때문이다.

어휘 학습

1. 다음 문장에 어울리는 어휘를 골라 알맞게 써 봅시다.

사교성　　체질별　　처방하다　　특이하다　　예리하다

1) 철수는 판단이 정확하고 날카로워서 (　　　　　　) 아/어 보인다.

2) 의사는 환자가 먹고 있는 약을 확인한 후 증상에 맞는 약을 다시 (　　　　　　)았/었다.

3) 사람은 태어날 때부터 체형과 성격이 모두 다르기 때문에 (　　　　　　)로 다양한 특징이 있다.

4) 나는 보통 감기에 걸리면 기침이 나는데 이번 감기는 (　　　　　　)게 근육통 증상이 나타났다.

5) 동생은 처음 보는 사람과도 쉽게 사귀는 편인데 나는 (　　　　　　)이/가 부족해서 그런 동생이 가끔 부럽다.

2. 다음 어휘와 뜻을 알맞게 연결해 봅시다.

1) 상체 •	• ㉮ 물체나 신체의 윗부분.
2) 소심하다 •	• ㉯ 어떤 일을 서로 양보하여 협의하는 성질.
3) 체형 •	• ㉰ 대담하지 못하고 조심성이 지나치게 많다.
4) 타협성 •	• ㉱ 체격에 나타나는 특징으로 분류되는 일정한 부류. 비만형 따위가 있다.

체질별 특성

이 단락에 사용된 설명 방법은 무엇인가?

한방에서는 어떤 환자에게 어떤 처방의 약을 써서 효과를 보았다고 해서 다른 환자에게도 그 처방을 그대로 쓰는 경우는 거의 없다. 사람은 태어날 때부터 체질이 서로 다르기 때문에 체질별로 독특한 병이 발생한다고 보기 때문이다. 사상의학에서는 체질을 네 가지로 나눈다. 이를 구분하는 방법으로는 체형과 같은 외모를 살펴보는 것, 성격을 관찰하는 것, 그리고 병의 특이한 증상을 확인하는 것이 있다. 사상의학에 따르면 태양인(太陽人)과 소양인(少陽人) 같은 양인은 상체가 하체보다 발달하고 태음인(太陰人)이나 소음인(少陰人) 같은 음인은 하체가 상체보다 발달한 경우가 많다. 우리의 체질을 정확히 알기 위해서는 외모뿐만 아니라 성격과 건강을 종합적으로 판단해야 한다.

태양인

소양인

태음인

소음인

태양인은 가슴 윗부분과 어깨가 발달되어 넓고 목덜미가 굵은 대신 허리 아래 부위가 약하다. 특히 다리가 약해서 서 있는 자세가 불안정하고 오래 서 있거나 걷는 것이 힘들다. 사상인 중에서 숫자가 가장 적어 구별이 어렵다. 자존심이 강하고 적극적이고 진취적인 것은 장점이나 사교성과 타협성이 부족하고 일을 진행하는 데 있어 치밀한 계획성이 부족한 것은 단점이다. 태양인은 폐의 기능이 좋으나 간의 기능은 약하다. 소양인은 가슴 부분이 발달하고 엉덩이가 약한 체형이다. 얼굴이 희며 보통 마른 편이 많고 예리해 보인다. 땀을 많이 흘리지 않는 편이다. 모든 일에 활동적이고 열성적이며 희생 정신이 강한 것은 장점이나 성격이 급하고 실수가 많은 것은 단점이다. 소양인 중에는 종교인이나 사회 활동가들이 많은데 이들은 정의감이 강해서 불의를 보고도 참지 못하고 남의 일을 내 일같이 여기는 인정도 많기 때문이다. 소양인은 췌장과 위장의 기능이 좋으나 신장의 기능은 약하다. 태음인은 허리 부위가 발달하여 서 있는 자세가 안정돼 보이지만 목 부분이 상대적으로 약해 보인다. 대부분 체격이 크고 살이 많아서 듬직해 보인다. 성격은 침착하고 말이 적어 믿음직하며 책임감이 강해 리더의 자질을 갖추고 있다. 잘 참고 견디는 힘이 있는 것은 장점이나 보수적인 면도 있고 게으르며 욕심이 많은 것은 단점이다. 태음인은 간의 기능이 좋으나 폐, 심장, 대장, 피부의 기능은 약하다. 소음인은 하체가 발달하여 엉덩이가 크고 다리가 굵은 경우가 많아서 앉은 자세가 안정돼 보이지만 가슴둘레가 약하다. 전체적으로 마르고 약한 체형이다. 용모가 단정하고 체격이 작은 사람이 많아 얌전해 보이고 여러 사람들 사이에 섞이면 잘 드러나지 않는다. 성격이 온순하고 차분하며 사교성이 있어 주위에 사람이 끊이질 않는다. 치밀하고 계획성이 뛰어난 것은 장점이나 소극적이고 남의 간섭을 싫어하며 자존심도 강해 한 번 감정이 상하면 오래 가기 때문에 소심하다는 것은 단점이다. 소음인은 신장의 기능이 좋고 비위, 즉 위의 기능이 약하다.

사상의학에서는 체질에 따라 병의 증상이 다르게 나타나므로 같은 증상이라도 그 처방은 다르게 해야 한다고 강조한다. 예를 들어 태음인은 평소에 땀이 많이 나는 것이 건강함을 나타내는가 하면 반대로 소음인은 땀을 많이 흘리면 몸이 약해졌다는 것을 의미하기도 한다. 또한 차멀미를 할 때 소음인은 인삼을 먹으면 속과 머리가 편해지지만 소양인은 머리가 더 아프고 멀미가 더 심해진다. 배가 아플 때 오미자를 먹으면 태음인은 속이 편해지지만 태양인은 배가 아픈 것이 더 심해지기도 한다. 이처럼 사상의학은 자신의 체질을 알면 건강을 잘 관리할 수 있다고 본다.

나의 사전 만들기

- 사상의학: 사상의학은 조선 말기 이제마가 주장한 한의학 체계이다.
  사상의학에 따르면 사람의 체질은 태양인, 소양인, 태음인, 소음인으로 구분된다.
- 듬직하다:
-

1. 윗글의 내용을 정리해 봅시다.

[태양인의 특징]

- 외모:
- 성격:
- 건강:

[소양인의 특징]

- 외모:
- 성격:
- 건강:

[태음인의 특징]

- 외모:
- 성격:
- 건강:

[소음인의 특징]

- 외모:
- 성격:
- 건강:

2. 두 번째 단락을 네 부분으로 나누어 보고 나뉘는 부분의 첫 어절을 써 봅시다.

① 태양인은

② ______________________

③ ______________________

④ ______________________

3. 윗글의 내용을 바탕으로 모둠별로 다음과 같이 O, X 문제를 만들어 봅시다.

- 사상의학에서는 사람의 체질을 네 가지로 나눈다. (　　)
- ______________________ (　　)
- ______________________ (　　)
- ______________________ (　　)

4. 다음은 체질별로 권하고 있는 운동입니다. 각 체질에 적절한 운동을 설명하는 글을 한 단락으로 써 봅시다.

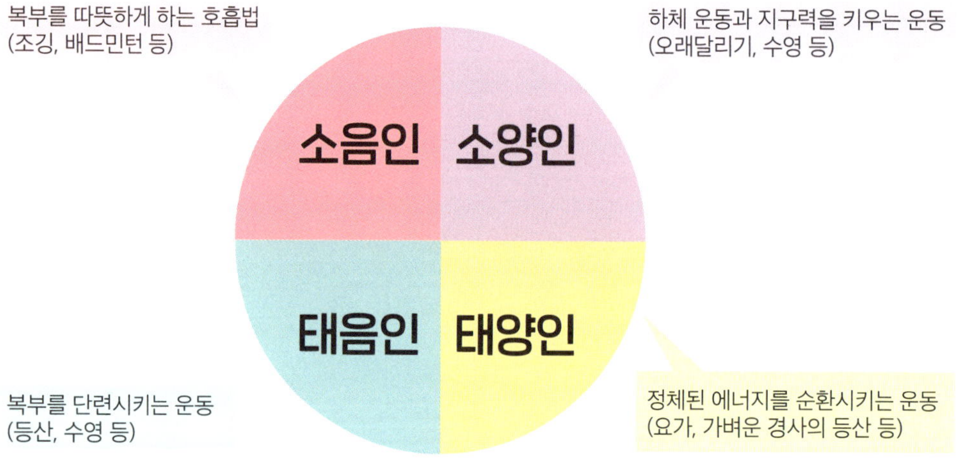

체질별로 적절한 운동이 있다. 소음인은 복부를 따뜻하게 하는 호흡법이 좋다. 예를 들어 조깅, 배드민턴 등의 운동이 적절하다. 소양인은

1. 다음을 다시 읽고 알맞은 설명 방법을 써 봅시다.

정의	예시	분류	대조	인과

① 정신 건강은 우리의 감정, 사고, 행동에 영향을 미치는 상태를 말한다. 정신 건강은 육체 건강과 밀접하게 연결되어 있어 서로에게 상호 작용하며 영향을 미친다. — ( )

② 태양인은 가슴 윗부분과 어깨가 발달되어 넓고 목 부분이 굵은 대신 허리 아래 부위가 약하다. 태음인은 허리 부위가 발달하여 서 있는 자세가 안정돼 보이지만 목 부분이 상대적으로 약해 보인다. — ( )

③ 소양인 중에 종교인이나 사회 활동가들이 많은데 이들은 정의감이 강해서 불의를 보고 참지 못하고 남의 일을 내 일같이 여기기 때문이다. — ( )

2. 다음 글을 읽고 문장을 만들어 봅시다.

우리말에는 '비위'(脾胃)*라는 오장육부에 해당하는 말을 이용한 관용 표현이 많다. 비위의 가장 대표적인 기능은 소화를 담당하는 것이다. 비위가 음식물을 받아들이고 소화시켜 내보내는 것처럼 감정적인 측면에서도 감정을 받아들이고 흘려 내보내는 상태를 예부터 조상들은 '비위'라는 어휘를 이용해 표현하곤 했다.

- **비위(가) 좋다**: 아니꼽거나 싫은 일을 잘 견디는 힘이 있다.
  예) 창피한 줄도 모르고 **비위 좋게** 앉아 있다.
- **비위가 상하다**: 하는 짓이 마음에 맞지 않아 아니꼽고 기분이 나빠지다.
  예) 그 사람의 말을 들으니 **비위가 상해서** 참기 어려웠다.
- **비위가 거슬리다**: 음식이 맞지 않아 소화기를 거슬러 올라간다는 뜻인데 역시 감정적으로도 탐탁지 않거나 자신의 생각과 맞지 않는다는 뜻이다.
  내가 만든 문장: ______________________
- **비위를 맞추다**: 어떤 일을 할 때 서로 협력하여 잘되게 해서 남의 마음에 들게 해 주는 것을 말한다.
  내가 만든 문장: ______________________

* 비위: 음식을 소화시키는 데 관여하는 지라와 위를 통틀어 이르는 말.

6과

글의 구조 분석하며 읽기

‘문화에 따라 달라지는 선택’

학습 목표

- 글의 종류에 따라 구조적 특징을 파악할 수 있다.
- ‘문화’와 관련된 글의 구조를 분석하며 읽을 수 있다.

생각해 보기

1. 다음 그림은 풍선이 갑자기 날아가는 장면입니다. 이 풍선이 왜 날아가게 되었는지 이야기해 봅시다.

2. 다음 글을 읽고 내용상 문단이 나뉘는 부분에 빗금(/)을 그어 봅시다.

사람들은 같은 현상을 보더라도 문화에 따라 다르게 인식하고 해석한다. 특히 서양인과 동양인은 어떤 일이 일어났을 때 그 원인을 찾는 방식에서 차이를 보인다. 이러한 차이는 각 문화권이 세상을 바라보는 인식의 방식이 다르기 때문이다. 서양인은 현상의 원인을 주로 사물의 내부에서 찾으려는 경향이 있다. 예를 들어 서양인들은 풍선이 위로 떠오르는 모습을 보고 "풍선에 바람이 빠졌다."라고 해석한다. 이는 풍선 내부의 변화가 원인이라는 인식이다. 반면, 동양인은 외부 환경에서 원인을 찾는 경우가 많다. 위의 장면을 보고 "갑자기 바람이 불었다."라고 말하는 것은 바람이라는 외부 요인이 풍선을 움직였다고 본 것이다. 이처럼 같은 풍선의 움직임을 보더라도 사람들은 문화에 따라 원인을 다르게 해석한다. 이러한 차이는 서양과 동양이 세상을 바라보는 관점과 사고방식이 다르기 때문에 나타나는 문화적 인식의 차이라고 할 수 있다.

읽기 1

숲과 나무, 붓과 펜

㉮ 동양과 서양은 사물이나 현상을 바라보는 시각, 표현 방식 등에서 서로 다른 특징을 지닌다. 이러한 차이는 일상적인 사고뿐만 아니라 필기구의 형태에서도 드러난다.

'서양인은 나무를 보고 동양인은 숲을 본다'는 말은 어떤 인식의 차이를 의미하는가?

㉯ 예를 들어 잉크로 찍은 작은 점들이 모여 하나의 형상을 이룬 그림을 보여 주었을 때 서양인은 작은 점 하나를 가리키며 점이 보인다고 대답했다. 반면 동양인은 그림 전체를 가리키며 점들이 이루고 있는 형상이 보인다고 대답했다. 서양인이 부분에 주목한다면 동양인은 전체를 바라보는 것이다. 즉, 서양인은 나무를 보고 동양인은 숲을 보는 셈이다.

㉰ 숲을 있는 그대로 바라보는 방식을 '직관적 방법'이라고 하고 개별 나무를 분석해 전체 숲을 이해하려는 방식을 '분석적 방법'이라고 한다. 직관적 방법은 사물 간의 관계와 조화를 중시하며 전체적인 맥락 속에서 개체를 이해하는 것이다. 반면 분석적 방법은 사물을 개별적으로 나누어 파악하고 이를 통해 전체를 이해하는 것이다. 세상을 인식하는 데 있어 대체로 동양인은 직관적이고 서양인은 분석적이다.

'직관적 방법'과 '분석적 방법'은 각각 어떤 의미인가?

㉱ 이러한 사고방식의 차이는 필기구에서도 나타난다. 동양에서는 부드러운 붓이, 서양에서는 날카로운 펜이 대표적인 필기구로 사용된다. 붓은 선의 굵기와 농담을 자연스럽게 표현하는 데 적합하며 펜은 선명하고 정밀한 선을 그리는 데 유리하다. 이는 곧 동양이 전체의 흐름과 조화를 중시하는 데 반해, 서양은 사물의 경계를 명확히 하여 정밀하게 분석하려는 성향을 반영한 결과라고 할 수 있다.

동양과 서양의 인식 방식이 필기구에는 어떻게 반영되었는가?

나의 사전 만들기

- 필기구:
- 맥락:

㉲ 이처럼 동양과 서양의 필기구조차 서로 다른 사고방식에서 비롯된 것이라면 문화권에 따라 세상을 바라보는 관점의 차이는 결코 우연이 아닐 것이다. 동양은 직관과 조화의 시각을, 서양은 분석과 구분의 시각을 통해 세계를 이해해 온 것이다.

1. 윗글의 내용과 맞는 것은 O, 다른 것은 X 표시를 해 봅시다.

1) 분석적 방법은 개체, 즉 개별 요소를 중심으로 전체를 이해하는 것이다. ( )

2) 잉크로 찍힌 점들이 모여 하나의 형상을 이룬 그림을 볼 때 동양인은 작은 점에 주목하는 경향이 있다. ( )

2. 윗글의 내용을 아래에 정리해 써 봅시다.

구조	문단의 중심 내용	내용 기술의 특징
도입	㉮ 동양과 서양은 사물이나 현상을 바라보는 방식에서 서로 다른 특징을 지님.	동양과 서양의 ( )의 차이를 시각적 인식, ( ) 사례를 통해 구체적으로 설명하고 있음.
전개	㉯	
	㉰	
	㉱	
정리	㉲ 동양과 서양의 인식 차이는 문화적 관점에서 비롯된 필연적인 결과임.	

글의 구조 분석하기

1. '글의 구조를 분석하며 읽는다'는 것이 어떤 의미인지 알아봅시다.

글의 구조란 글을 구성하는 기본적인 틀로 글의 전개 방식이나 내용의 흐름을 체계적으로 정리한 것을 말한다. 글을 읽을 때 단순히 문장을 이해하는 것을 넘어 글의 전개 방식과 핵심 내용을 파악하면서 각 부분이 어떤 역할을 하는지를 분석하며 읽는 것을 '글의 구조를 분석하며 읽는다.'라고 한다. 예를 들어 논설문을 읽을 때 서론에서는 문제 상황과 필자의 주장을 파악하고 본론에서는 제시하는 근거를 분석하며 결론에서는 필자의 주장을 다시 확인하는 방식으로 글을 읽으면 글의 논리적 흐름을 쉽게 이해할 수 있다.

2. 글의 종류에 따른 구조

글의 종류	구성 단계	주요 내용
설명문	머리말(도입, 처음)	설명할 대상 및 설명하는 이유 제시
	본문(전개, 중간)	대상에 대한 구체적인 설명
	맺음말(정리, 끝)	설명한 내용 요약 및 정리
논설문	서론	문제 상황 제시, 필자의 주장
	본론	주장에 대한 근거 및 뒷받침 자료
	결론	글의 요약 및 주장 강조
이야기	발단	배경 및 등장인물 소개, 사건의 단서 제공
	전개	사건의 본격화, 갈등 발생
	위기	갈등이 고조됨, 긴장감 형성
	절정	갈등이 최고조에 달함, 갈등을 해결할 단서 제공
	결말	갈등 해결, 등장인물의 운명 결정

3. 다음은 '생각해 보기'에 제시된 글에 대한 목차입니다. 목차를 보고 글의 구조를 분석해 봅시다.

현상을 바라보는 두 가지 방식
: 동양과 서양의 인식 차이

1. 도입
2. 전개(1) 서양인의 관점
3. 전개(2) 동양인의 관점
4. 정리

이 글은 같은 현상이라도 문화에 따라 해석이 달라질 수 있음을 설명하는 글로, 도입에서는 서양과 동양 사람들이 현상의 원인을 다르게 해석한다는 문제를 제시한다. 이어지는 본문에서는 풍선이 떠오르는 사례를 통해 서양인은 현상의 원인을 사물 내부에서, 동양인은 외부 환경에서 찾는 경향이 있음을 구체적으로 보여준다. 마지막으로 이러한 차이가 각 문화의 세계관과 사고방식에서 비롯된 것임을 밝히며 글을 마무리한다.

어휘 학습

1. 다음 어휘와 뜻을 알맞게 연결해 봅시다.

1) 덧창 •	• ㉮ 아끼어 줄이다.
2) 번식 •	• ㉯ 창문 겉에 덧달려 있는 문짝.
3) 위도 •	• ㉰ 생물이 종족의 수를 늘려 나가는 활동.
4) 일조량 •	• ㉱ 상태, 모양, 성질 따위가 그와 같다고 여겨지다.
5) 간주되다 •	• ㉲ 일정한 물체의 표면이나 지표면에 비치는 햇볕의 양.
6) 절감하다 •	• ㉳ 지구 위의 위치를 나타내는 좌표축 중에서 가로로 된 것.

2. 빈칸에 들어갈 알맞은 말을 찾아 써 봅시다.

문제 제기 　　 서론 　　 연구 목적 　　 정의

광고는 현대인의 삶에서 중요한 역할을 하며 단순한 상업적 목적을 넘어 한 사회의 문화를 반영하는 기호로 작용한다. 그러나 국가 간의 문화적 차이로 인해 광고 이미지의 해석에는 어려움이 따른다. 따라서 효과적인 시각적 소통을 위해서는 디자이너의 문화적 소양이 필요하다. 그러나 디자인 분야에서는 문화적 해석과 표현에 대한 연구가 부족한 실정이다. 이에 본고에서는 광고를 동서양의 문화적 관점에서 분석하고 시각 문화 속에서 광고가 지니는 의미를 해석해 보고자 한다.

→

이 글은 광고 디자인에 나타나는 문화적 차이에 대한 논설문의 ㉠(　　　　　) 부분이다. 이 글은 다섯 부분으로 나뉜다. 먼저 광고의 역할에 대해 ㉡(　　　　　)하고, 문화적 차이로 인한 해석의 어려움에 대해 ㉢(　　　　　)을/를 하고 있다. 필자는 이러한 문제를 해결하기 위해 디자이너의 문화적 소양이 필요하나 이에 대한 연구가 부족하다고 생각하여 연구의 필요성을 언급한 후 ㉣(　　　　　)을/를 밝히고 있다.

제목:

서론임을 알 수 있는 표현이 제시된 곳은 어디인가?

㉮ 주택의 방향은 실내 환경, 에너지 효율, 생활 방식에 영향을 미치는 중요한 요소이다. 특히 한국에서는 남향집에 대한 선호가 뚜렷하며 이는 주택 가격에도 반영되고 있다. 본 연구에서는 한국에서 남향집이 선호되는 이유를 기후적, 경제적, 문화적 측면에서 분석하고, 세계 여러 나라와의 비교를 통해 주택 방향 선택이 기후와 문화 요인에 따라 어떻게 달라지는지를 살펴보고자 한다.

한국에서 남향집이 선호되는 이유는 무엇인가?

㉯ 한국에서 남향집이 선호되는 이유는 크게 기후적, 경제적, 문화적 요인으로 나눌 수 있다. 첫째, 기후적 요인이다. 한국은 위도상 여름에는 해가 높이 뜨고 겨울에는 해가 낮게 뜨는 특징이 있다. 이에 따라 남향집은 겨울철에는 햇빛이 집 안 깊숙이 들어와 따뜻하고 여름철에는 햇빛이 덜 들어와 비교적 시원하다. 둘째, 경제적 요인이다. 남향집은 채광이 좋기 때문에 냉난방에 드는 에너지 비용을 절감할 수 있으며 곰팡이나 세균 번식을 억제하는 효과도 있다. 이러한 이유로 남향집의 가격은 다른 방향의 집보다 10~15% 정도 높은 경우가 많다. 셋째, 문화적 요인이다. 한국에서는 주택의 방향을 대문과 거실 창의 위치로 판단하며 특히 거실 창이 남쪽을 향해야 남향집으로 간주된다. 이는 햇볕이 잘 드는 거실에서 가족이 함께 시간을 보내는 한국인의 주거 문화와 깊은 관련이 있다.

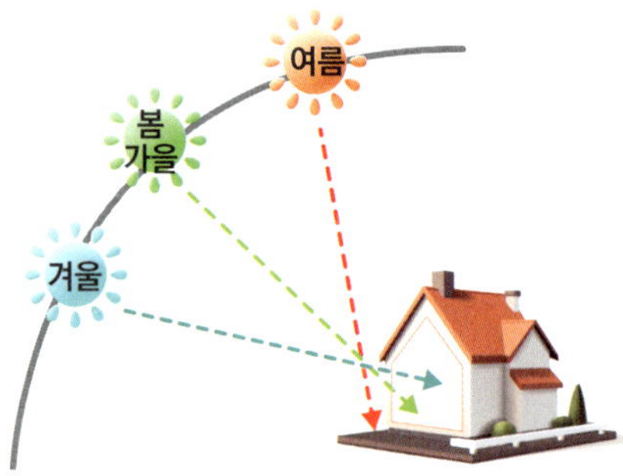

<남향집 거실에 들어오는 햇빛의 계절별 차이>

㉰ 주택 방향에 대한 선호는 기후뿐만 아니라 문화적 배경에 따라서도 다양하게 나타난다. 일본은 한국과 유사한 기후와 문화적 특성을 지니고 있어 거실이나 다다미방을 햇볕이 잘 드는 남향으로 배치하는 경향이 있다. 중국은 풍수지리 전통에 따라 남향이 좋다고 여기며 대부분 남향을 선호하지만 일부 지역에서는 동향집도 인기가 있다. 프랑스, 영국 등 위도가 높은 북유럽의 국가들은 일조량이 부족하여 햇빛을 최대한 확보할 수 있는 남향이나 동서향 주택을 선호한다. 반면, 이탈리아, 그리스 등 햇볕이 강한 남유럽 국가들은 남향집과 서향집을 기피하고 실내 온도를 낮추기 위해 덧창을 설치하는 경우가 많다. 싱가포르, 베트남, 인도네시아처럼 열대 및 적도 지역은 고온다습한 기후로 인해 햇빛을 차단하는 북향집을 선호하는 경향이 강하다. 이처럼 주택 방향 선택은 기후뿐

아니라 각 지역의 문화와 생활 방식이 함께 작용한 결과라고 할 수 있다.

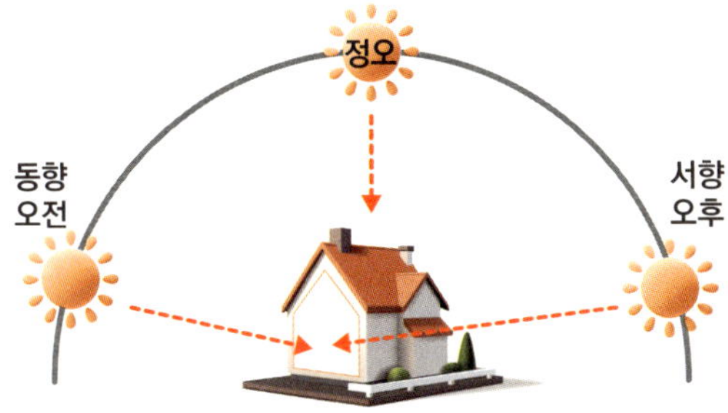

<집 방향에 따른 하루 햇빛의 변화>

라 한국에서 남향집은 많은 장점을 지니고 있지만 단점도 분명히 존재한다. 여름철에는 태양의 고도가 높아 햇빛이 덜 들어오지만 커튼이 없으면 실내가 지나치게 더워질 수 있다. 또한 남향집은 수요가 높아 가격이 부담스러운 경우도 있다. 무엇보다도, 남향집이 모든 사람에게 최적의 선택은 아니다. 개인의 생활 습관이나 활동 시간대에 따라 다른 방향의 집이 더 잘 맞을 수 있다. 예를 들어 동향집은 아침에 햇볕이 잘 들어오기 때문에 아침형 인간에게 적합하고 서향집은 오후 늦게까지 햇볕이 들어오기 때문에 저녁에 활동이 많은 사람에게 알맞다. 반면에 북향집은 햇빛이 직접 들지 않아 실내 밝기가 일정하게 유지되므로 화가나 사진작가처럼 빛의 변화에 민감한 작업을 하는 사람들에게 적합한 환경을 제공할 수 있다. 결국 주택의 방향은 모두에게 똑같이 적용되는 정해진 기준이 아니라 개인의 생활 방식이나 직업 등을 고려해 신중하게 선택해야 할 요소이다.

마 한국을 비롯한 세계 여러 나라의 주택 방향에 대한 선호를 살펴보면 주택의 방향은 단순한 방위의 문제가 아니라 인간이 자연과 어떻게 조화를 이루며 살아가는지를 보여 주는 문화적 표현인 셈이다. 따라서 앞으로의 주택 설계와 도시 계획은 이러한 기후와 문화적 다양성을 반영하는 방향으로 나아가야 할 것이다.

한국에서 남향집의 단점은 무엇인가?

나의 사전 만들기

- 억제하다:
-
-
-

1. 윗글을 세 단락으로 나누어 봅시다.

서론	본론	결론

2. 위 내용의 논리적 흐름상 어색한 단락을 찾아 써 봅시다.

3. 윗글의 목차를 작성해 봅시다.

목차

Ⅰ. 서론
  1.1. 연구의 배경
  1.2. 연구 목적 및 범위
Ⅱ. 한국에서 남향집이 선호되는 이유
  2.1.
  2.2.
  2.3.
Ⅲ. 세계 각국의 주택 방향 선호도 비교
  3.1. 일본 및 중국
  3.2.
  3.3.
Ⅳ. 결론

4. 윗글의 내용과 맞는 것은 O, 다른 것은 X 표시를 해 봅시다. 그리고 여러분도 O, X 문제를 만들어 봅시다.

1) 한국에서는 주택의 방향을 주방 창의 위치를 기준으로 판단한다. (　　)
2) 북유럽의 국가들은 햇빛이 강해 남향집과 서향집을 기피하는 경향이 강하다. (　　)
3) ____ (　　)
4) ____ (　　)

5. 윗글에 어울리는 연구 논문의 제목을 만들어 봅시다.

6. 자신이 관심 있는 주제와 관련된 글을 읽은 후 목차와 내용 기술의 특징을 분석해 봅시다.

목차	내용 기술의 특징

1. 다음은 단군 신화에 대한 이야기입니다. 잘 읽고 이 글의 구조를 파악해 봅시다.

① 하늘을 다스리는 하늘의 신 환인에게는 환웅이라는 아들이 있었다. ② 환웅은 인간 세상에 관심이 많아 아버지에게 땅으로 내려가 살고 싶다고 애원했다. ③ 환인은 환웅의 소원을 들어주기로 했다. ④ 환웅은 바람, 구름, 비를 다스리는 세 명의 신하와 함께 인간 세상으로 내려갔다. ⑤ 환웅은 인간 세상에 도착하여 사람들과 함께 살며 그들을 다스리기 시작했다. ⑥ 그러던 어느 날, 곰과 호랑이가 환웅에게 찾아와 사람이 되고 싶다고 간청했다. ⑦ 환웅은 그들에게 쑥과 마늘을 주며 이것만 먹고 100일 동안 햇빛을 보지 않으면 사람이 될 수 있다고 말했다. ⑧ 곰과 호랑이는 동굴로 들어가 쑥과 마늘을 먹으며 견디기 시작했다. ⑨ 그러나 시간이 지나면서 호랑이는 참지 못하고 중간에 동굴을 뛰쳐나갔지만 곰은 100일을 견뎌 냈다. ⑩ 마침내 100일을 잘 견뎌 낸 곰은 여자로 변하였고 웅녀라는 이름을 얻었다. ⑪ 이후 환웅은 웅녀와 결혼해 아들을 낳았는데 이 사람이 바로 단군 왕검이다. ⑫ 단군은 성장하여 고조선을 세우고 평화롭게 나라를 다스렸다.

발단	
전개	
위기	
절정	
결말	

2. 다음을 참고하여 다음 한자가 들어가는 어휘의 뜻을 바르게 연결해 봅시다.

논/론(論): 의견이나 주장을 논리적으로 전개하여 서술함

1) 논문(論文) •	• ㉠ 어떤 문제에 대하여 여러 사람이 각각 의견을 말하며 논의함.
2) 논평(論評) •	• ㉡ 어떤 것에 관하여 체계적으로 자기 의견이나 주장을 적은 글.
3) 서론(序論) •	• ㉢ 어떤 글이나 말 또는 사건 따위의 내용에 대하여 논하여 비평함.
4) 토론(討論) •	• ㉣ 말이나 글 따위에서 본격적인 논의를 하기 위한 단서가 되는 부분.

7과

논증 방법 이해하며 읽기

‘사회적 책임’

학습 목표

- 글에 사용된 논증 방법을 이해할 수 있다.
- ‘사회적 책임’과 관련한 글에 사용된 논증 방법을 파악하며 읽을 수 있다.

생각해 보기

1. '노력하면 누구나 성공할 수 있다'는 말에 동의합니까? 다음 글은 두 학생의 성장과 교육 환경의 차이에 대한 글입니다. 이렇게 자란 두 학생이 같은 기준으로 평가받는 것이 공정한 것인지 함께 이야기해 봅시다.

민준이는 부모님의 적극적인 지원을 받으며 자랐습니다.

(가) 민준 — 민준이의 부모님은 안정된 직장에서 일하고 있으며 어릴 때부터 민준이에게 다양한 교육 기회를 제공했습니다. 초등학교 때부터 영어 유치원, 수학 학원, 독서 지도, 방학마다 캠프 등 다양한 사교육을 받았고 고등학생이 된 후에 입시 전문 학원을 다녔으며 공부에만 집중할 수 있었습니다. 학습 환경도 매우 조용하고 좋았으며 생활비 걱정 없이 공부에만 전념할 수 있었습니다.

준희는 형편이 어려운 가정에서 자랐습니다.

(나) 준희 — 준희의 부모님은 자영업을 했지만 수입이 일정하지 않아 어릴 때부터 경제적인 부담을 느껴야 했습니다. 고등학교 시절부터 아르바이트를 하며 학원 대신 인터넷 강의나 독학으로 공부했습니다. 집에는 조용히 공부할 공간도 없었고 생활비와 교재비를 마련하기 위해 주말마다 아르바이트를 같이 해야 했습니다.

2. 다음 질문에 대해 여러분의 생각을 이야기해 봅시다.

Q1) 두 학생은 어떤 환경에서 자랐습니까?

민준이와 준희가 어떤 가정 환경에서 성장했고 어떤 교육 기회를 받았는지 정리해 봅시다.
(누가 사교육을 많이 받았는지, 누가 공부와 일을 함께 해야 했는지 알아보세요.)

Q2) 민준이와 준희가 같은 시험을 보면 그 결과가 공정하다고 생각합니까?

두 학생은 공부할 수 있는 조건이 같았습니까? 같은 시험 문제로 시험을 보지만 같은 출발선에서 시작한 것일까요? '공정한 경쟁'이 무엇인지 생각해 봅시다.

Q3) 여러분이 민준이의 입장이라면 또는 준희의 입장이라면 어떤 기분이겠습니까?

읽기 1

불평등에 대한 생각을 놓친 공정성, 능력주의

능력주의는 개인의 능력과 노력에 따라 보상과 성과가 주어져야 한다는 믿음이다. 이것은 겉으로 보기에는 공정하고 이상적으로 보일 수 있다. 왜냐하면 태어난 환경이나 배경이 아니라 누구나 노력하면 성공할 수 있다는 믿음을 주기 때문이다.

하지만 실제로 우리 사회에서는 능력주의가 항상 공정하게 작동하지 않는다. 사람마다 시작하는 위치, 즉 '출발선'이 다르기 때문이다. 예를 들어 어떤 학생은 비싼 사교육을 받을 수 있는 환경에서 자라지만 어떤 학생은 그렇지 못하다. 두 사람이 같은 시험을 본다면 과연 그것이 공정한 경쟁이라고 할 수 있을까?

능력이라는 것도 사실은 노력만으로 만들어지는 게 아닐 수 있다. 가정의 경제력, 부모의 학력, 주변 환경 같은 것들이 능력에 큰 영향을 준다. 그런데도 능력주의는 이런 차이를 고려하지 않고 결과만 보고 평가한다.

또 하나의 문제는 능력주의가 실패를 개인의 탓으로 돌리는 경향이 있다는 점이다. 시험에 떨어지거나 취업에 실패한 사람에게 "당신이 더 노력했어야지요."라고 말할 수 있을까? 사실 그 사람이 제대로 된 교육이나 기회를 얻지 못했을 수도 있다. 이렇게 되면 사회의 구조적 문제는 사라지고 개인은 스스로를 탓하게 된다.

이처럼 실패의 책임을 개인에게만 묻게 되면 사람들 사이의 유대감도 약해질 수 있다. 모두가 자기 혼자 살아남는 데 집중하게 되고 사회 전체를 더 나은 방향으로 바꾸려는 노력은 줄어들 수 있다.

결론적으로 능력주의는 공정해 보이지만 실제로는 사회의 불평등을 더 심화시킬 수도 있다. 모두가 비슷한 출발선에서 시작할 수 있도록 돕는 제도와 지원이 없다면 능력주의는 실제가 아니라 착각일 수 있다.

능력주의란 무엇인가?

능력주의의 문제는 무엇인가?

나의 사전 만들기

- 보상:
-
-
-

1. **능력주의의 위험성을 설득하기 위해 사용된 논리적 전개 방식은 무엇인지 고르십시오.**
   ① 능력주의의 정의 → 긍정적 사례 → 부정적 사례 ② 능력주의의 정의 → 한계 사례 제시 → 대안 제안
   ③ 능력주의의 정의 → 역사적 맥락 → 현대적 적용 방안 ④ 능력주의의 정의 → 성공 사례 나열 → 실패 이유 설명
2. **윗글에서 필자가 자신의 의견을 주장하기 위해 사용한 방법은 무엇인지 고르십시오.**
   ① 개념 정의를 통해 구체적인 결론을 이끌어 내는 추론 방법
   ② 사례 제시를 통해 일반적인 결론을 이끌어 내는 추론 방법
3. **필자의 주장을 한 문장으로 써 봅시다.**

논증 방법 이해하기

1. 논증 방법 이해하며 읽기란 무엇인가?

   1) 설득을 목적으로 하는 글에서는 글쓴이가 자신의 의견을 효과적으로 전달하기 위해 논증 방법을 활용함.

   2) 논증은 주장과 근거를 연결하여 글의 논리를 강화하는 것으로 주제에 대해 타당한 근거를 들어 주장을 펼치는 방법임.

2. 논증 방법 이해하며 읽기는 왜 필요한가?

   1) 글의 논리적 구조와 주장 전개 방식을 이해하는 데 도움이 됨.

   2) 글의 핵심 내용을 체계적으로 이해하고 비판적으로 분석하는 능력을 키우는 데 효과적임.

3. 논증 방법은 어떤 것이 있는가?

연역법이란?

☞ 일반적인 원리나 사실에서 특정 결론을 도출하는 방식으로 이론이나 원칙을 적용하여 주장을 뒷받침함.

☞ 결론의 내용에 전제가 포함되어 있어 전제가 참이면 결론도 참이고 전제가 거짓이면 결론도 거짓임.

연역법의 예

- 대전제: 모든 사람은 죽는다.
- 소전제: 나는 사람이다.
- 결론: 따라서 나도 죽는다.

  * 대전제는 일반적이고 보편적인 사실
  소전제는 개별적이고 구체적인 사실
  : 대전제와 소전제는 모두 결론의 근거가 됨.

귀납법이란?

☞ 구체적인 사례나 경험을 바탕으로 일반적인 결론을 이끌어내는 방식임.

☞ 귀납법에 속하는 논증 방법으로는 유추(유사성을 바탕으로 결론을 이끌어 냄)와 일반화(특정 사례를 통해 일반적인 결론에 도달함)가 있음.

귀납법의 예

- 사례1: 바닷물이 따뜻할 때 강한 태풍이 발생했다.
- 사례2: 최근 바닷물 온도가 올라가면서 태풍이 더 강해졌다.
- 결론: 따라서 바닷물이 따뜻해지면 태풍이 강해질 가능성이 크다.

<예> 연역법 예시글

행복이란 주관적인 감정으로 사람마다 느끼는 기준이 다르다. 어떤 사람에게는 가족과 함께 시간을 보내는 것이 가장 큰 행복일 수 있지만 다른 사람에게는 혼자만의 시간이 행복일 수 있다. 예를 들어 A라는 사람은 대도시에서 높은 연봉을 받으며 일하는 것이 행복이라고 느끼고 B라는 사람은 시골에서 소박한 삶을 사는 것을 행복이라 느낄 수 있다. 이처럼 각자가 느끼는 행복은 다르다.

결국 행복의 기준에는 정답이 없다. 행복이란 각자가 소중히 여기는 가치와 감정을 따르는 것이며 이를 인정하는 태도가 진정한 행복에 가까워질 수 있는 길이다.

주장: 행복이란 각자가 소중히 여기는 가치와 감정을 따르는 것이다.
대전제: 행복의 기준에는 정답이 없다.
소전제: 사람마다 행복을 느끼는 방식이 다르다.
결론: 따라서 행복이란 각자가 소중히 여기는 가치와 감정을 따르는 것이다.

어휘 학습

1. 다음 어휘 목록 중 아는 어휘에 표시해 보고 뜻을 생각해 봅시다.

□ 갈등	□ 공공	□ 규범	□ 신뢰
□ 연대	□ 책임	□ 불평등	□ 부정부패
□ 완화하다	□ 실천하다	□ 추구하다	□ 확산되다

2. 다음 문장을 읽고 '1번' 표에서 알맞은 어휘를 골라 써 봅시다.

1) 동사 목적을 이루려고 노력하다.

• 기업들은 단순한 이익이 아닌 사회적 가치를 (   )아야/어야 한다.

2) 동사 생각하거나 계획한 것을 실제로 행하다.

• 공공의 이익을 위해서 개인은 작은 행동이라도 직접 (   )는 것이 중요하다.

3) 동사 갈등이나 긴장을 줄이고 부드럽게 하다.

• 정부는 사회적 갈등을 (   )기 위해 정책을 조정하고 대화를 촉진하고 있다.

4) 명사 공직자나 기업이 권력을 이용해 부정한 이득을 취하는 것.

• 일부 기업이 법을 어기고 부당한 방법으로 이익을 챙기는 (   )이/가 발생했다.

3. 다음 어휘와 뜻을 알맞게 연결해 봅시다.

1) 연대 •	• ㉮ 맡은 역할이나 의무를 다해야 하는 것.
2) 규범 •	• ㉯ 기회나 권리, 대우 등에서 공평하지 않은 상태.
3) 책임 •	• ㉰ 같은 목표를 위해 힘을 모으는 것, 공동체 의식.
4) 불평등 •	• ㉱ 사회에서 사람들이 따라야 할 행동 기준이나 원칙.

공공의 이익, 나부터 실천하는 작은 변화

공공의 이익을 추구하는 예에는 어떤 것이 있는가?

㉮ 공공의 이익을 추구하는 것은 사회적 연대와 공동체 의식을 강화하는 데 필수적인 요소이다. 예를 들어 공공장소에서 쓰레기를 함부로 버리지 않는 행동은 공동체의 질서를 유지하는 중요한 규범이며 대중교통을 이용하는 것은 환경 보호와 지속 가능한 발전을 위한 실천이다. 또한 자원봉사를 통해 사회적 약자를 돕는 것은 공동체 의식을 강화하는 행동이다.

역사적으로 공공의 이익을 위한 노력에는 무엇이 있었는가?

㉯ 역사적으로도 공공의 이익을 위한 노력은 사회 발전을 이끄는 중요한 요소였다. 조선시대에는 흉년이 들었을 때 어려운 백성들에게 곡식을 빌려주는 **의창**(義倉)* 제도가 운영되었고, 서양에서는 과거 유럽의 귀족들이 전쟁이 일어나면 앞장서 싸우거나 지역 사회를 위해 기부하며 사회 지도층이 책임을 다하는 **노블레스 오블리주**(noblesse oblige)** 정신이 오랜 전통으로 자리 잡아 왔다.

현대 사회에서 공공의 이익이 실현된 예에는 어떤 것이 있는가?

㉰ 공공의 이익이 현대 사회에서 어떻게 실현되는지 살펴보면 코로나19 유행 시기에 많은 사람들이 사회적 거리두기와 방역 수칙을 준수하고, 의료진과 취약 계층을 지원하는 공동체적 노력을 보였다. 이러한 협력적 대응 덕분에 팬데믹을 효과적으로 극복할 수 있었다. 또 다른 예로, 지역 사회에서 공동체 농장을 운영하여 취약 계층에게 신선한 식품을 제공하거나 자원봉사 단체가 쉼터를 운영하는 경우도 있다.

㉱ 그러나 공공의 이익을 무시하고 개인의 이익만을 추구하는 태도가 퍼지면 이는 댐이 무너질 때 작은 균열 하나에서 시작되는 것과 같이 그 부정적 영향은 사회 전반으로 확산될 수 있다. 예를 들어 공직자가 부정부패로 공공 자금을 사용하거나 기업이 노동 착취와 환경 파괴를 계속하면 사회적 신뢰가 무너지고 시민들의 불만이 커질 것이다. 따라서 공공의 이익을 우선시하는 태도가 필요하다.

공공의 이익을 고려하지 않는 사회는 어떤 갈등이 생길 수 있는가?

㉲ 공공의 이익을 외면하는 태도는 사회적 불평등을 심화시키고 공동체의 신뢰를 저하시킨다. 예를 들어 기업이 환경 보호를 위한 규제를 무시하고 유해 물질을 강이나 바다에 내보낸다면 이는 장기적으로 국민 건강에 악영향을 미치고 사회적 비용을 증가시킨다. 또한 일부 부유층이 세금을 내지 않고 사회적 책임을 다하지 않을 경우 일반 시민들이 세금을 내는 부담이 증가하고 사회적 갈등이 심화될 수 있다.

㉳ 따라서 우리 사회가 지속적으로 발전하기 위해서는 공공의 이익을 위한 개인의 실질적인 노력이 필수적이다. 이는 '작은 촛불이 어둠을 밝힌다'는 말처럼 개인의 작은 행동이 사회 전체에 긍정적인 변화를 불러올 수 있기 때문이다.

지도층뿐만 아니라 모든 시민이 사회적 책임을 인식하고 공공의 이익을 고려한 의사 결정을 내릴 때 공동체는 더욱 건강하고 조화롭게 발전할 수 있다. 나부터 실천하는 공공의 이익에 대한 작은 관심과 행동이 사회 전체의 신뢰를 회복하고 계층 간의 갈등을 완화하며 지속 가능한 공동체를 만들어가는 기반이 될 것이다.

'개인의 작은 행동이 사회 전체에 긍정적인 변화를 불러온다'는 것을 의미하는 문장은 무엇인가?

나의 사전 만들기

- 귀족:
-
-
-

* **의창(義倉)**: 조선시대에 어려운 사람들을 돕기 위해 운영된 곡식 저장소. 평소에 곡식을 모아두었다가 흉년이 들거나 재해가 발생했을 때 굶주린 백성들에게 빌려주거나 나누어 주는 역할을 했음.

** **노블레스 오블리주(noblesse oblige)**: 높은 사회적 지위에 따른 도덕적 의무를 말함.

1. 위에서 읽은 내용을 요약해 봅시다.

서론	가	공공의 이익을 추구하는 것은 사회적 연대와 공동체 의식을 강화하는 데 필수적이다.
본론	나	
	다	
	라	
	마	
결론	바	

2. 다음 문장을 읽고 구체적인 사례에서 일반적인 결론으로 이어지는 귀납법의 흐름에 따라 순서를 알맞게 써 봅시다.

① 공공의 이익을 위한 노력은 사회 발전의 중요한 요소였다.
② 지역 공동체 농장을 통해 취약 계층에게 신선한 식품을 제공한다.
③ 코로나19 시기에 시민들은 방역 수칙을 지키고 공동체를 지원했다.
④ 과거 유럽 귀족들은 전쟁이 나면 앞장서 싸우거나 지역 사회를 위해 기부 활동을 하였다.
⑤ 조선시대에는 흉년이 들었을 때 어려운 사람들에게 곡식을 빌려주는 의창 제도가 운영되었다.

⑤ ⇨ ⇨ ⇨ ② ⇨

3. 윗글의 내용과 맞는 것은 O, 다른 것은 X 표시를 해 봅시다. 그리고 여러분도 O, X 문제를 만들어 봅시다.

1) 개인의 작은 실천이 사회 전반에 미치는 영향은 크지 않다. ( )
2) 공공의 이익도 중요하지만 개인의 이익을 우선시하는 것이 바람직하다. ( )
3) ______________________________ ( )

4. 공공의 이익을 실현하는 것은 개인의 노력에 달려 있는가(주장❶), 아니면 사회적·구조적 변화에 달려 있는가(주장❷)? 자신의 입장을 선택한 후 이것을 뒷받침할 수 있는 근거를 제시하여 5~6문장으로 써 봅시다.

주장 ❶	공공의 이익을 실현하기 위해서는 개인의 노력이 더 중요하다.
주장 ❷	공공의 이익을 실현하기 위해서는 사회적·구조적 변화가 더 필요하다.

1. 다음을 읽고 연역적 논증 방법인지 귀납적 논증 방법인지 써 봅시다.

① 일반적인 원리나 사실에서 특정 결론을 도출하는 방식이다. —

② 구체적인 사례나 경험을 바탕으로 일반적인 결론을 이끌어내는 방식이다. —

③ 모든 새는 날 수 있다. 참새는 새다. 따라서 참새도 날 수 있다. —

④ 민준이는 독서를 통해 어휘력이 풍부해졌고 글쓰기 능력이 크게 향상되었다. 준희도 매일 독서를 한 덕분에 사고력이 깊어지고 문제 해결 능력이 좋아졌다. 따라서 독서는 어휘력, 사고력, 문제 해결 능력을 포함해 전반적인 지적 성장을 이끄는 데 효과적이다. —

2. 아래에 제시된 표현을 읽고 어떤 뜻인지 본문에서 찾아 써 봅시다.

표현	내용
읽기 1 출발선이 다르다.	실제 우리 사회에서는 능력주의가 항상 공정하게 작동하지 않는다. 사람마다 시작하는 위치, 즉 '출발선이 다르다'.
읽기 2 댐이 무너질 때 작은 균열 하나에서 시작된다.	
읽기 2 작은 촛불이 어둠을 밝힌다.	

8과

능동적으로 해결하며 읽기

‘현명한 선택과 소비’

학습 목표

- 읽기 과정에서 생기는 어려움을 능동적으로 해결하며 읽을 수 있다.
- ‘소비’와 관련된 글에 나타난 정보와 자신의 배경지식을 활용하여 글을 읽을 수 있다.

생각해 보기

다음은 누리 소통망(SNS) 게시글에 올라온 글입니다. 이 글을 읽고 무슨 뜻인지 이야기해 봅시다.

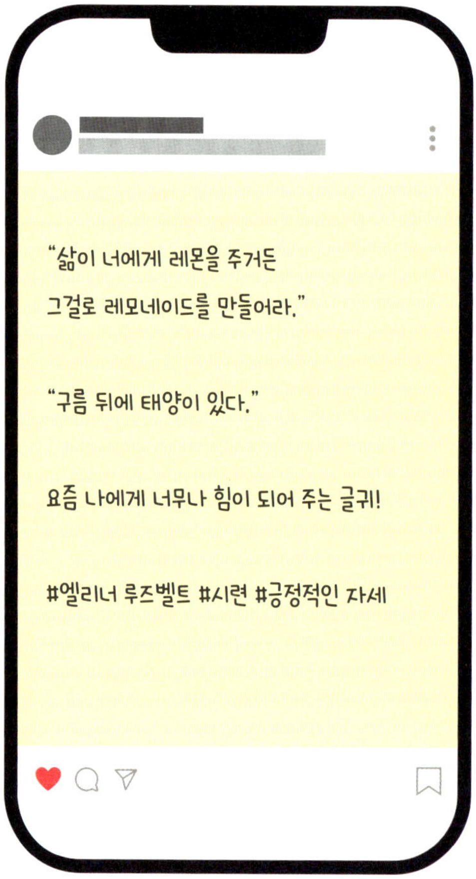

1. 윗글에 나오는 '레몬'과 '레모네이드', '구름'과 '태양'은 무슨 의미일까요?
   - 레몬:
   - 레모네이드:
   - 구름:
   - 태양:

2. 위에 제시된 어휘들의 숨은 뜻을 모를 때 문장을 이해하기 위해서 어떻게 해야 할까요?

시장에서 '레몬'을 피하는 법

사람들은 시장에서 물건을 구매할 때 여러 가지 요소를 신중하게 고려한 뒤 자신에게 가장 유리한 선택을 한다. 이를 위해 시장에서 파악할 수 있는 다양한 정보를 주의 깊게 살피게 된다. 그런데 만약 시장에서 구매자와 판매자가 갖고 있는 정보가 동일하지 않다면 어떤 일이 벌어질까?

시장에서 구매자와 판매자가 가진 정보가 달라서 정보의 격차가 발생하는 현상을 정보의 비대칭성(Information Asymmetry)이라고 한다. 그리고 구매자가 품질을 정확히 알지 못한 상태에서 품질이 나쁜 물건이나 서비스가 거래되는 시장을 레몬 시장이라고 한다. 레몬은 겉보기에는 예쁘고 먹음직스럽지만 그 안에 신맛을 품고 있다. 레몬은 빛 좋은 개살구처럼 겉만 멀쩡한 물건을 가리키는 말이다. 중고차 시장은 판매자와 구매자 사이에 정보의 비대칭성이 존재해 레몬 시장으로 간주되는 대표적인 시장이다.

중고차 시장에서 차를 구매하려는 사람은 차의 상태를 정확히 알 수 없지만 차를 팔려는 사람은 차의 상태를 정확히 알고 있다. 중고차 시장에 품질이 나쁜 차와 품질이 좋은 차가 반반 있다고 가정할 때 차의 품질을 정확히 판단하기 어려운 구매자로서는 반은 저품질, 반은 고품질일 가능성이 있다고 생각할 수 있다. 따라서 구매자는 평균 가격에 차를 구매하려고 할 것이다. 그렇게 되면 저품질의 차를 파는 판매자는 이득을 보지만 고품질의 차를 파는 판매자는 손해를 볼 것이다. 결국 고품질의 차를 가지고 있는 이들은 중고차 시장에서 빠져나가게 되고 중고차 시장에는 저품질의 차만 남게 된다. 이렇게 되면 구매자는 저품질의 차를 구매할 가능성이 높아지고 결국 좋은 차를 구매할 수 없게 된다.

이러한 이유로 레몬 시장에서는 다양한 정보가 공유될 수 있는 방안을 마련해 정보의 비대칭성을 줄이려는 시도가 이어지고 있다. 예를 들어 중고차 매매 플랫폼에서는 중고차의 숨은 이력을 누구나 쉽게 조회할 수 있는 서비스를 제공하고 있다. 이를 통해 중고차를 구입할 때 상대적으로 정보가 부족한 구매자들이 더 많은 정보를 얻을 수 있게 하는 것이다.

레몬 시장의 의미는 무엇인가?

중고차 시장은 무엇을 설명하기 위한 예인가?

정보의 비대칭성 때문에 구매자는 어떤 문제를 겪을 수 있는가?

나의 사전 만들기

- 신중하다:
- 비대칭성:
-

1. 윗글의 내용과 맞는 것은 O, 다른 것은 X 표시를 해 봅시다.

1) 레몬 시장에서 '레몬'은 긍정적인 의미로 사용된다. (　　)

2) 중고차 매매 플랫폼에서는 구매자를 위해 다양한 정보를 제공하고 있다. (　　)

2. 글의 내용과 맥락을 바탕으로 주제를 써 봅시다.

능동적으로 해결하며 읽기

1. '능동적으로 해결하며 읽는다'는 것이 어떤 의미인지 알아봅시다.

우리는 글을 읽고 의미를 구성하는 과정에서 여러 문제를 겪게 된다. 모르는 어휘를 만나기도 하고 의미가 모호한 문장을 만나기도 한다. 그뿐 아니라 주제나 중심 생각이 직접 드러나 있지 않아 이를 추론해 내야 하는 경우도 있고 글쓴이의 주장이 합리적이고 타당한지 판단하면서 읽기도 해야 한다. 이때 이러한 문제를 적극적으로 해결해 나가며 읽느냐 그렇지 않느냐에 따라 읽기 결과가 달라진다. 따라서 능동적으로 해결하며 읽는다는 것은 글을 읽으면서 발생하는 여러 가지 문제를 적극적으로 해결해 나가는 행위라고 할 수 있다.

2. 다음은 읽기 과정에서 겪을 수 있는 문제들입니다. 다음과 같은 문제를 만났을 때 이를 해결할 수 있는 방법을 <보기>에서 찾아 기호를 써 봅시다.

문제	해결 방법
모르는 어휘가 나왔다.	
뜻이 모호한 구절이나 문장이 있다.	
글쓴이의 주장이 타당한지 판단하기 어렵다.	
배경지식이 없어 이해하기 어려운 부분이 있다.	
글의 주제나 중심 생각이 직접적으로 드러나 있지 않다.	

<보기>

㉠ 글의 내용과 관련된 다른 글이나 자료를 찾아 읽는다.
㉡ 어휘의 의미를 추측하거나 사전을 찾아 정확한 뜻을 확인한다.
㉢ 앞뒤 내용을 바탕으로 그 의미를 추측하거나 배경지식을 활용한다.
㉣ 글쓴이가 든 근거를 찾고 그 근거가 주장을 뒷받침하는지 살펴본다.
㉤ 생략된 내용이나 글쓴이의 의도를 추론하거나 소제목별 중심 내용을 파악한다.

어휘 학습

1. 다음 어휘와 뜻을 알맞게 연결해 봅시다.

1) 닻 •	• ㉮ 장사하는 재주나 꾀.
2) 상술 •	• ㉯ 미루어 생각하여 판정함.
3) 추정 •	• ㉰ 도중에 멈추거나 일시적으로 어떤 곳에 묵다.
4) 머무르다 •	• ㉱ 사람이나 물건을 목적한 장소나 방향으로 이끌다.
5) 유도하다 •	• ㉲ 배를 한곳에 멈추어 있게 하기 위하여 줄에 매어 물 밑바닥으로 가라앉히는 갈고리가 달린 기구.

2. '앵커'에 대해 소개하는 글을 읽고 빈칸에 알맞은 어휘를 찾아 써 봅시다.

앵커　　안정감　　내리다　　진행하다

<AI 앵커>
출처 : 인공지능신문(https://www.aitimes.kr)

뉴스 프로그램에서 뉴스를 (　　　)는 사람을 '앵커'(anchor)라고 한다. '앵커'(anchor)라는 말은 원래 배가 항구에 머무를 때 바다에 (　　　)는 '닻'을 의미한다. '닻'이 배가 흔들리지 않도록 안정시키는 역할을 하듯이 (　　　)은/는 뉴스 프로그램에서 (　　　)을/를 주고 여러 기자들의 뉴스를 모아 시청자들에게 전달하는 중심적인 역할을 한다.

앵커링 효과

처음에 인상적이었던 숫자나 사물이 기준점이 되어 이후의 판단에 왜곡 혹은 편파적인 영향을 미치는 현상을 앵커링 효과(anchoring effect)라고 한다. 앵커란 배가 항구에 머무를 때 바다에 내리는 닻(anchor)을 뜻하며 배는 닻을 내리면 닻과 연결된 범위 내에서만 움직일 수 있다. 이처럼 배가 닻을 내린 위치에 따라 배의 움직임이 제한되는 것과 같이 앵커링 효과에서도 처음에 제시된 정보가 이후의 판단에 큰 영향을 미치게 된다.

앵커링 효과를 증명하기 위한 첫 번째 실험 연구에서 두 집단 간에 응답 차이가 많이 난 이유는 무엇인가?

앵커링 효과는 1974년에 인지 심리학자인 아모스 트버스키(Amos Tversky)와 심리학자이자 행동 경제학의 창시자인 대니얼 카너먼(Daniel Kahneman) 교수가 실험 연구를 통해 밝힌 바 있다. 당시 실험에서는 참가자들에게 유엔에 가입한 나라들 중 아프리카 국가가 차지하는 비율이 몇 퍼센트가 되는지 아느냐는 질문을 했다. 카너먼은 실험 참가자들이 질문에 대답하기 전에 먼저 돌림판을 돌리게 했다. 이 돌림판에는 0에서 100까지의 수가 쓰여 있었는데 실제로는 10과 65 두 수 중 하나에서 멈추게 되어 있었다. 그런데 숫자판을 돌렸을 때 65에서 멈춘 사람들은 평균적으로 45%라고 대답했고 10에서 멈춘 사람들은 평균적으로 25%라고 대답했다. 10과 65라는 수는 유엔 가입 국가 중 아프리카 국가의 비율과는 아무 관계가 없는 수이다. 그런데도 실험 참가자들은 이 수에 영향을 받아 높은 숫자가 나오면 회원국이 많은 것으로, 낮은 숫자가 나오면 회원국이 적은 것으로 평가했다. 처음에 어떤 기준이 주어졌느냐에 따라 무작위로 할당된 두 집단 간에 무려 20%의 추정 차이가 나타난 것이다.

두 번째 실험 연구에서 두 집단 간에 응답 차이가 많이 난 이유는 무엇인가?

이외에도 카너먼은 에베레스트산의 높이를 모르는 실험자들을 모집한 후 에베레스트산의 높이를 물어보았다. 그 결과 600m를 기준으로 질문한 그룹의 추정 평균은 2,400m였고, 13,700m를 기준으로 질문한 그룹의 추정 평균은 13,000m로 나타났다. 이 실험 역시 질문 속에 제시된 높이가 닻의 역할을 함으로써 실험자들의 판단에 영향을 준 것이다. 이처럼 닻을 엉뚱한 데에 내리면 엉뚱한 판단을 유도할 수 있다.

<닻>

상인들은 이러한 심리를 물건을 파는 데 효과적으로 이용하곤 한다. 친구들과

돈가스를 먹으러 남산에 갔다고 생각해 보자. 먼저 어떤 가게에 갔더니 돈가스가 15,000원이다. 너무 비싸다고 생각해 다른 가게로 발길을 돌린다. 그런데 두 번째 가게는 원래 18,000원짜리 돈가스를 15,000원으로 인하해 판매 중이었다. 여러분은 어느 가게에서 돈가스를 먹겠는가? 대부분의 소비자라면 18,000원에 기준을 두고 가격을 평가해 두 번째 가게가 훨씬 저렴하다고 인식하고 그곳에서 먹을 것이다. 이것이 앵커링 효과의 힘이다.

㉠ 우리는 보통 이런 경우를 '눈속임식 상술'이라고 하는데 상인의 상술에 화를 내기 전에 상대는 이미 우리 마음속에 닻을 내릴 준비를 마쳤다는 것을 기억해야 한다. 따라서 단순히 값을 깎아 준다고 해서 무조건 이득이라고 생각하기보다는 그 상품의 진정한 가치가 얼마나 되는지 스스로 따져 보는 것이 필요하다.

실제로 두 가게의 돈가스 가격은 같은데 소비자가 다르게 평가하는 이유는 무엇인가?

나의 사전 만들기

- 왜곡:
- 편파적:
-
-

1. 윗글의 내용을 정리해 봅시다.

처음 —— (　　　　　　　)의 개념

앵커링 효과 사례 소개

중간 ——
-
-
-

끝 —— 심리적 현상을 이해하여 현명한 소비를 하자는 글쓴이의 주장

2. 윗글의 내용과 맞는 것은 O, 다른 것은 X 표시를 해 봅시다. 그리고 여러분도 O, X 문제를 만들어 봅시다.

1) 앵커링 효과는 일상생활뿐만 아니라 마케팅 분야에도 다양하게 활용된다. (　　)

2) 앵커링 효과는 초기 정보보다 이후에 제공받는 정보에 더 많은 영향을 받는다. (　　)

3) ______________________________ (　　)

4) ______________________________ (　　)

3. ㉠에서 '눈속임식 상술'이 가리키는 내용과 그 의미를 써 봅시다.

'눈속임식 상술'이 가리키는 내용:

'눈속임식 상술'의 의미:

4. 다음은 우리 주변에서 볼 수 있는 '앵커링 효과'의 사례입니다. 다음 글을 읽고 여러분이 경험한 사례를 이야기해 봅시다.

<사례>
마트에 갔을 때 '정상가 5만 원, 할인가 3만 원'이라는 가격표를 보면 정상가 5만 원이 기준점으로 작용해 3만 원이 상대적으로 저렴하다고 느끼게 된다.

5. 다음은 현명한 소비를 하기 위한 방법입니다. 아래에 제시된 것 외에 나만의 전략이나 방법이 있으면 써 봅시다. 그리고 친구들과 의견을 나눈 후 자신이 가장 좋다고 생각하는 방법을 한 가지 선택하고 그 이유에 대해 이야기해 봅시다.

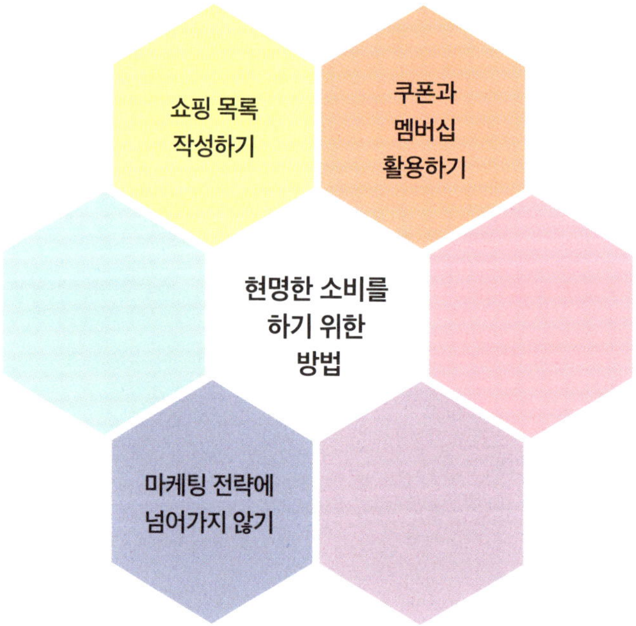

생각 모으기

1. **다음 문장에 어울리는 어휘를 골라 알맞게 써 봅시다.**

문제	정보	추측하다	판단하다	해결하다

1) 글을 읽을 때 글쓴이의 주장이 합리적이고 타당한지 (　　　　　　)(으)며 읽어야 한다.

2) 모르는 어휘가 나오면 어휘의 의미를 (　　　　　　)거나 국어사전을 찾아 정확한 뜻을 확인하고 넘어간다.

3) 능동적 읽기란 글을 읽으면서 발생하는 여러 가지 (　　　　　　)을/를 적극적으로 (　　　　　　)아/어 나가는 행위라고 할 수 있다.

2. **한국어에는 '빛 좋은 개살구'와 비슷한 의미를 지닌 사자성어 및 속담이 있습니다. 아래에 제시된 표현을 읽고 각각의 뜻과 예문을 써 봅시다.**

사자성어 및 속담	뜻과 예문
빛 좋은 개살구 	겉만 그럴듯하고 실속이 없는 경우 예문: 화려한 광고로 소비자를 유혹하는 제품이 실제로는 기대에 못 미치는 경우를 보며 **'빛 좋은 개살구'** 라는 속담이 떠올랐다.
유명무실	
소문난 잔치에 먹을 것 없다	
속 빈 강정 	

9과

관점과 형식의 차이 파악하며 읽기

'인공 지능이 만든 세상'

학습 목표

- 다양한 종류의 글을 읽으며 관점과 형식의 차이를 파악할 수 있다.
- '인공 지능'과 관련된 글을 읽으면서 텍스트를 비판적으로 분석하고 그 결과를 바탕으로 자신의 관점을 명확히 할 수 있다.

생각해 보기

다음 그림을 보고 이야기해 봅시다.

(가) 반 고흐의 '별이 빛나는 밤'

(나) 구글 딥드림 생성기가 재현한 반 고흐 작품

1. (가)와 (나) 그림 중 어느 것이 창작물이라고 생각합니까? 자신의 생각을 고르고 이유와 함께 이야기해 봅시다.

□ (가)와 (나) 그림은 둘 다 창작물이다.

□ 사람이 그린 (가) 그림만 창작물이다.

2. (가) 그림의 저작권은 누구에게 있다고 생각합니까?

3. (나) 그림의 저작권은 누구에게 있다고 생각합니까?

□ 인공 지능(AI)을 사용한 사람

□ 인공 지능(AI) 개발자 또는 회사

□ 기타:

가 인공 지능(AI) 창작물, 저작권 인정이 콘텐츠 산업의 미래다

요즘 인공 지능(AI)이 음악, 그림, 소설 등 다양한 콘텐츠를 직접 만들어 내고 있다. 2020년에는 인공 지능(AI)이 작곡한 곡으로 신인 가수가 데뷔했고 2018년에는 인공 지능(AI)이 그린 그림이 경매에서 약 5억 원에 팔리기도 했다. 이처럼 인공 지능(AI)이 실제로 창작 활동을 하고 있음에도 불구하고 현재 한국을 포함한 대부분의 나라에서는 인공 지능(AI)이 저작권자가 될 수 없기 때문에 인공 지능(AI)을 개발한 사람이나 회사의 이름으로 저작권이 등록되는 경우가 많다.

이런 상황은 인공 지능(AI)이 창작한 콘텐츠 산업의 발전에 장애가 될 수 있다. 인공 지능(AI)이 만든 작품에 저작권이 인정되지 않으면 투자가 줄어들 수 있기 때문이다. 실제로 영국, 유럽 연합(EU), 일본 등 선진국들은 인공 지능(AI)이 만든 작품의 저작권 문제를 해결하기 위해 법을 바꾸는 논의를 하고 있다. 이는 인공 지능(AI)이 창작한 콘텐츠 산업의 경쟁력을 높이기 위해서이다.

따라서 인공 지능(AI)이 실제로 창작 활동을 하고 있는 만큼 인공 지능(AI)이 만든 작품에도 저작권이 인정되어야 한다.

인공 지능(AI)이 만든 창작물의 저작권은 현재 어떤 방식으로 처리되고 있는가?

나 인공 지능(AI) 창작물, 저작권 인정이 문화의 미래를 위협한다

인공 지능(AI)의 창작물은 결국 인간이 만든 작품을 바탕으로 만들어지며 실제로는 데이터를 조합해 새로운 결과물을 내놓는 것에 불과하다. 예를 들어 2018년 뉴욕 경매에서 높은 가격에 팔린 인공 지능(AI) 초상화는 수만 점의 인간 작품을 학습한 뒤 만들어 낸 모방이라 할 수 있다.

인공 지능(AI)은 창작에 필수적인 의도나 감정, 비판 능력이 없기 때문에 결과물에 인간의 사상이나 감정이 담겼다고 보기 어렵다. 또 인공 지능(AI) 개발자도 실제 창작 과정에 직접적으로 관여하지 않으므로 그들에게 저작권을 주는 것도 타당하지 않다. 만약 인공 지능(AI) 창작물에 저작권을 인정하면 인간의 창작 의욕이 꺾이고 문화가 침체될 우려가 있다. 인공 지능(AI)은 쉬지 않고 대량의 작품을 만들어 낼 수 있기 때문에 인간 창작자는 경쟁에서 밀릴 수밖에 없다. 이러한 점들을 고려할 때 인공 지능(AI)이 만든 작품에는 저작권을 인정하지 않는 것이 바람직하다.

인공 지능(AI) 창작물에 저작권을 인정하면 어떤 문제가 발생할 수 있는가?

나의 사전 만들기

- 저작권:
- 경매:
-

1. 가 글과 나 글에서 공통적으로 다루고 있는 화제는 무엇입니까? ____________________

2. 가 글과 나 글의 주장은 무엇입니까? 주장과 근거를 써 봅시다.

	가	나
주장		
근거		

관점과 형식의 차이 파악하며 읽기

1. '관점과 형식의 차이를 파악하며 읽는다'는 것이 어떤 의미인지 알아봅시다.

관점이란 사물이나 현상을 바라보는 사람의 태도나 방향을 의미한다. 따라서 동일한 화제를 다루더라도 글을 쓴 사람의 관점에 따라 전혀 다른 내용이 될 수 있다. 한 가지 관점으로 쓰인 글만 읽으면 사고의 폭이 좁아질 수 있으며 글의 내용을 수동적으로 받아들이거나 자신의 지식에만 의존하여 비판하게 된다. 따라서 동일한 대상이나 유사한 화제를 다룬 여러 글을 찾아 읽고 각 글의 내용이 어떻게 다른지 비교하면서 읽으면 균형 있는 시각을 갖출 수 있다. 또한 동일한 주제와 관점이라도 글의 형식이 달라질 수 있다. 예를 들어 다른 사람을 설득하기 위해 논설문을 쓸 수도 있고 편지의 형식을 활용할 수도 있다. 이는 글의 대상과 목적에 따라 형식을 달리하는 것이 더 효과적일 수 있기 때문이다.

2. 다음은 동일한 화제인 '전기 자동차'를 다룬 글입니다. 어떤 글의 관점이 긍정적이고 부정적인지 이야기해 봅시다.

가 전기 자동차의 (　　　　　) 관점

전기 자동차는 환경 친화적인 교통수단으로 화석 연료 사용을 줄이고 대기 오염을 감소시키는 데 기여한다. 또한 연료비가 저렴하고 유지 비용이 낮아 장기적으로 경제적이다.

나 전기 자동차의 (　　　　　) 관점

전기 자동차는 초기 구매 비용이 높고 충전할 수 있는 곳이 아직 많지 않아 장거리 여행 시 불편함을 초래할 수 있다. 또한 배터리 생산 과정에서 환경에 미치는 영향과 배터리 폐기 문제도 해결해야 할 과제이다.

3. 다음은 '디지털 탄소 발자국'에 대한 서로 다른 형식의 글입니다. 두 글 중 어떤 것이 더 쉽게 이해되는지 이야기해 봅시다.

가 설명문

디지털 탄소 발자국은 이메일, 검색, 영상 시청 등 디지털 기기를 사용할 때 발생하는 이산화탄소의 양을 말한다. 디지털 활동은 데이터 센터를 통해 처리되며 이 과정에서 많은 전기와 이산화탄소가 발생한다. 예를 들어 이메일 하나를 보낼 때 약 4g, 영상 10분을 볼 때 1g의 이산화탄소가 배출된다. 이를 줄이기 위해서는 불필요한 이메일을 삭제하고 음악과 동영상은 실시간 재생 대신 다운로드를 이용하는 것이 좋다. 또한 화면 밝기를 줄이는 것도 전력 소비를 낮추는 데 도움이 된다. 작은 실천이 모이면 환경 보호에 큰 도움이 된다.

나 카드 뉴스

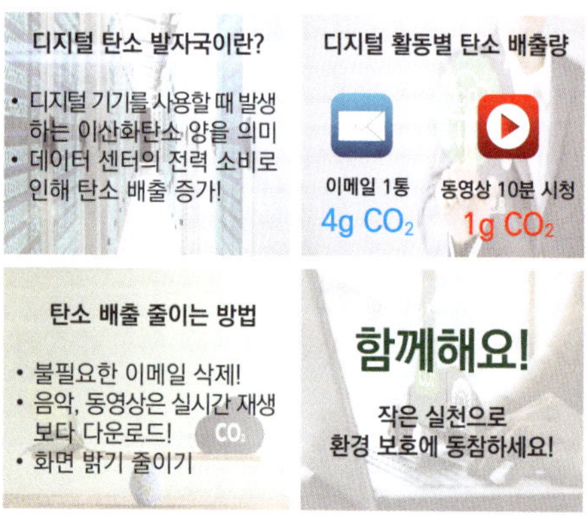

어휘 학습

1. 다음 어휘와 뜻을 알맞게 연결해 봅시다.

1) 역량 •	• ㉮ 사람을 골라서 씀.
2) 채용 •	• ㉯ 어떤 일을 해낼 수 있는 힘.
3) 과장하다 •	• ㉰ 분쟁에 끼어들어 쌍방을 화해시키다.
4) 중재하다 •	• ㉱ 사실보다 지나치게 불려서 나타내다.
5) 축소하다 •	• ㉲ 모양이나 규모 따위를 줄여서 작게 하다.

2. 다음은 인공 지능(AI) 면접 절차입니다. 빈칸에 들어갈 적절한 내용을 써 봅시다.

인공 지능(AI) 면접 진행 절차

자기소개 질문
↓
성향 파악 질문
↓
( )
↓
( )
↓
( )
↓
기업별 맞춤형 질문

인공 지능(AI) 면접은 제한 시간 내에 인공 지능(AI)이 면접 대상자의 표정, 음성, 언어, 감정 상태 등을 실시간으로 분석해 종합적인 평가를 하는 새로운 형태의 면접 기법을 말한다.

첫 질문은 자기소개로 시작되며 지원자가 자신의 경력과 강점을 설명한다. 이어서 성향 파악을 위한 질문과 상황 대처 질문이 주어져 지원자의 반응을 평가한다. 또한 전략 게임을 통해 문제 해결 능력과 의사 결정 패턴을 분석하며, 이후 인공 지능(AI)은 수집된 정보를 바탕으로 심층 질문을 제시한다. 마지막으로 기업별 맞춤형 질문을 통해 지원자의 적합성을 평가한다.

<AI 면접>

기업들이 인공 지능(AI) 면접에 만족하는 가장 큰 이유는 무엇인가?

인공 지능(AI) 면접에 대해 실무 부서에서의 만족도가 높은 이유는 무엇인가?

글 가 최근 국내 채용 시장에서 인공 지능(AI) 면접의 도입이 활발해지고 있다. 잡플렉스(JOBFLEX)가 인사 담당자 314명을 대상으로 실시한 설문 조사에 따르면 기업들이 인공 지능(AI) 면접에 만족하는 가장 큰 이유는 '지원자의 다양한 역량을 파악할 수 있기 때문'(33%)인 것으로 나타났다. 그다음으로 '공정하고 합리적인 채용이 가능해서'(30%), '더 많은 지원자에게 응시 기회를 제공할 수 있어서'(17%)의 순으로 나타났다.

인공 지능(AI) 면접을 도입한 후 실무 부서에서도 인공 지능(AI) 면접 결과에 대한 만족도가 높게 나타났다. 전체의 절반 이상(52.6%)이 '만족한다'고 응답했으며 불만족 의견은 1.8%에 불과했다. 이는 인공 지능(AI) 면접이 학력이나 스펙에 의존하지 않고 실제 업무 성과와 관련이 있는 역량을 평가할 수 있기 때문인 것으로 보인다.

기업들은 인공 지능(AI) 면접 도입으로 면접 참여율 증가, 채용 업무의 효율성 증가, 평가 자료의 다양한 활용, 편리한 수시 채용 등 다양한 측면에서 긍정적인 효과를 경험하고 있다. 국내에서 인공 지능(AI) 면접 시스템 점유율이 가장 높은 기업의 관계자는 인공 지능(AI) 면접이 보다 공정한 채용 문화를 만드는 데 기여하고 있으며 앞으로도 학력과 스펙이 아닌 역량 중심의 채용이 확산되기를 기대한다고 밝혔다.

글 나 인공 지능(AI) 면접은 객관적이고 공정한 평가 방법처럼 보이지만 실제 현장에서는 아직 보조적 도구로 활용되는 경우가 많다. 능숙한 면접관은 단순한 질문에 그치지 않고 지원자가 제시한 답변에 대해 추가적으로 보충 질문을 하거나 경험의 구체적 사례를 물어보는 등 지원자의 답변이 사실인지 확인한다. 예를 들어 본인의 장점과 단점을 묻는 질문에 많은 지원자는 장점을 강조하고 단점은 축소하거나 숨기려는 경향이 있으며 단점을 말하더라도 그것을 보완하기 위한 노력까지 함께 말하는 경우가 많다. 다음의 질문과 답변을 보자.

Q. 당신의 단점은 무엇입니까?

A. 업무에 집중하다 보면 주변 사람들과의 관계에 소홀할 때가 있습니다. 그래서 일부러 점심시간을 같이 보내려고 노력하고 있습니다.

이와 같은 답변이 나올 경우 면접관은 이 내용이 사실인지를 확인하기 위해 구체적인 사례를 묻기도 한다. 실제 사례를 통해 그 사람의 행동과 태도를 확인하려는 것이다. 또한 능숙한 면접관은 지원자가 간혹 자신의 경험을 과장할 수 있다는 점도 고려하여 질문의 범위를 좁히고 구체적인 맥락을 확인한다.

Q. 동료나 선후배와의 갈등 상황에서 중재한 경험이 있다면 말해 보세요.

A. 친구들과 유럽 여행을 간 적이 있는데 다음 여행지를 정하는 과정에서 의견 충돌이 있었습니다. (중략) 그렇게 저는 서로의 입장을 조율하여 갈등을 해결했습니다.

이러한 답변을 듣고 난 후 면접관이 여행지가 어디였는지, 몇 명이 같이 갔는지, 어떤 관계였는지, 갈등을 어떤 방식으로 중재했는지 등을 꼼꼼하게 묻는 것은 다른 이유에서가 아니다. 이러한 구체적인 질문을 통해 지원자의 답변이 사실인지, 그리고 지원자가 실제로 갈등 해결 능력을 갖추고 있는지 확인하기 위해서이다. 그런데 현재의 인공 지능(AI) 면접 시스템은 답변의 맥락을 이해하고 상황에 맞는 추가 질문을 하며 조직의 특성에 맞는 사람인지를 판단하는 데 한계가 있다. 특히 조직 문화나 팀워크, 중장기적인 인재상과의 적합성 등은 인공 지능(AI) 면접만으로는 충분히 판단하기 어렵고 이러한 부분은 여전히 인간 면접관의 역할이 크다. 따라서 인공 지능(AI) 면접이 최종적으로 채용 결정을 내리는 것이 적절한지에 대해서는 많은 논쟁이 있으므로 인공 지능(AI)에 전적으로 의존한 판단은 신중할 필요가 있다.

면접관이 갈등 상황과 관련된 경험에 대해 구체적으로 질문하는 이유는 무엇인가?

인공 지능(AI) 면접 시스템이 아직 보조적 도구로 활용되는 이유는 무엇인가?

나의 사전 만들기

- 점유율:
-
-
-

1. **두 글에서 공통적으로 다루고 있는 화제는 무엇입니까?** ______________________

2. **글 가와 글 나의 내용 전개 방식을 비교해 봅시다.**

글 가	글 나
인공 지능(AI) 면접의 (　　　　)을/를 기업의 인사 담당자를 대상으로 한 (　　　　)을/를 바탕으로 기술하고 있음.	인공 지능(AI) 면접의 (　　　　)을/를 (　　　　)을/를 들어 구체적으로 기술하고 있음.

3. **윗글의 내용과 맞는 것은 O, 다른 것은 X 표시를 해 봅시다. 그리고 여러분도 O, X 문제를 만들어 봅시다.**

1) 현재 인공 지능(AI) 면접은 최종 채용 결정을 내리는 데 널리 활용되고 있다. (　　)

2) 인공 지능(AI) 면접 시스템은 앞으로도 역량 중심의 채용 문화 확산에 기여할 것으로 기대된다. (　　)

3) ______________________ (　　)

4) ______________________ (　　)

4. 글 가와 글 나에 드러난 주장을 정리하고, 화제에 대한 글쓴이의 관점이 긍정적인지, 부정적인지 써 봅시다.

	글 가	글 나
주장		
글쓴이의 관점		
화제에 대한 나의 생각		

5. 동일한 화제를 다룬 여러 글을 찾아 읽은 후 읽은 내용을 정리해 봅시다.

	글 가	글 나
화제	예) 온라인 수업	
제목	"온라인 강의 덕분에 내 삶이 달라졌다!"	"대면 수업이 그립다 - 온라인 강의의 한계를 말하다"
글의 형식	수기	인터뷰 기사
주요 내용		
글쓴이의 관점		
화제에 대한 나의 생각		

1. 다음 문장에 어울리는 어휘를 골라 알맞게 써 봅시다.

균형	관점	발표	형식

1) 동일한 주제와 관점이라도 글의 (　　　　　)이/가 달라질 수 있다.

2) 글을 읽을 때 유사한 주제나 화제를 찾아 비교하면서 비판적으로 읽으면 (　　　　　) 있는 시각을 갖출 수 있다.

3) 한 가지 (　　　　　)(으)로 쓰인 글만 읽으면 사고의 폭이 좁아질 수 있고 글의 내용을 수동적으로 받아들이거나 자신의 지식에만 의존하여 비판하게 된다.

2. 다음은 매체 유형을 나타내는 어휘들입니다. 각 설명에 해당하는 어휘를 찾아 알맞게 연결해 봅시다.

1) 영상 매체 •	• ㉮ 인쇄물의 형태로 정보와 사상을 전달하는 매체. •	• ㉠ 신문 • ㉡ 잡지
2) 인쇄 매체 •	• ㉯ 브라운관, 모니터 따위를 통해서 대량으로 정보와 사상을 전달하는 매체. •	• ㉢ 영화 • ㉣ 드라마 • ㉤ 뉴스 사이트
3) 인터넷 매체 •	• ㉰ 인터넷을 통해 정보를 전달하고 소통하는 모든 형태의 콘텐츠와 플랫폼. •	• ㉥ 포털 사이트 • ㉦ SNS 플랫폼

10과

적절한 근거를 들어 문학 작품 해석하기

‘삶과 사랑 이야기’

학습 목표

- 적절한 근거를 들어 문학 작품을 해석할 수 있다.
- ‘삶과 사랑 이야기’를 주제로 한 작품을 다른 사람이 공감할 수 있도록 근거를 들어 설명할 수 있다.

문학 작품 해석하며 읽기

1. 문학 작품 해석하며 읽기

문학 작품을 해석하는 관점	내용
작품 중심 (내재적 관점)	작품 자체에 주목하여 해석하는 방법으로 소재, 인물에 관심을 둠.
독자 중심 (효용론적 관점)	독자에게 주는 가치에 초점을 두어 해석하는 것으로 교훈적 의미에 관심을 둠.
작가 중심 (표현론적 관점)	작가의 삶과 관련하여 작가의 생각, 감정, 경험에 관심을 둠.
현실 중심 (반영론적 관점)	작품에 반영된 시대적 배경, 사회적 상황에 관심을 둠.

2. 주체적으로 작품을 해석하는 방법

작품을 해석하는 다양한 방법 중에서 하나를 고른다.

↓

작품 해석을 위해 필요한 자료를 찾는다.

예) 작가 중심의 해석이라면 작가의 생애에 대한 자료를 찾는다.
현실 중심의 해석이라면 작품이 쓰인 당대의 사회적 배경에 대한 자료를 찾는다.

↓

조사한 자료를 바탕으로 작품을 해석한다.

예) 시인 한용운이 쓴 시가 있다고 가정해 보자. 시를 '작가 중심'으로 해석한다면 시인 한용운에 대한 다음 자료를 참고할 수 있다.

만해 한용운(萬海 韓龍雲 1897~1944, 만해는 호임)

일제강점기* 때, 독립 선언서**에 서명한 민족 대표 33인 중 한 사람으로『님의 침묵』, 『나룻배와 행인』 등을 저술하여 저항 문학을 이끈 승려·시인·독립운동가임.

* **일제 강점기**: 1910년 국권 강탈 이후 1945년 해방되기까지 35년간의 시대.

** **독립 선언서**: 1919년 3·1 운동 때 한국의 독립을 세계에 선포한 선언서. 최남선이 기초하고 민족 대표 33인이 서명하여 1919년 3월 1일 오후 2시에 서울 태화관(泰和館)에서 발표하였다.

✏️ 한용운의 '나룻배와 행인'을 읽고 물음에 답해 봅시다.

나룻배와 행인

한용운

나는 나룻배
당신은 행인
당신은 흙발로 나를 짓밟습니다.
나는 당신을 안고 물을 건너갑니다.
나는 당신을 안으면
깊으나 얕으나 급한 여울이나 건너갑니다.
만일 당신이 아니 오시면
나는 바람을 쐬고 눈비를 맞으며
밤에서 낮까지 당신을 기다리고 있습니다.
당신은 물만 건너면
나를 돌아보지도 않고 가십니다그려.
그러나 당신은
언제든지 오실 줄만은 알아요.
나는 당신을 기다리면서
날마다 당신을 기다리면서
날마다 날마다 낡아갑니다.
나는 나룻배
당신은 행인

작품 중심 해석: 작품 자체에 주목

나룻배(화자)와 행인(상대방)의 관계는 화자가 일방적으로 희생하고 헌신하는 모습으로 표현됨.
나룻배: 희생과 헌신의 상징
행인: 나룻배를 이용하는 존재

독자 중심 해석: 독자가 이 시를 읽으면서 느끼는 감정과 경험 중심

일방적이고 희생적인 사랑 또는 관계의 모습에 공감할 수 있음. 특히 이런 경험이 있다면 그러한 관계에서의 슬픔과 아름다움을 동시에 느낄 수 있음.

작가 중심 해석: 시인의 삶과 생각을 중심으로 해석하는 접근

한용운은 일제 강점기 때 독립운동가이자 승려, 시인임. 그는 조국에 대한 사랑을 시로 표현함. 여기에서 나룻배와 행인의 의미를 추측할 수 있음.

현실 중심 해석: 시가 발표된 당시의 시대적 배경과 역사적 상황을 고려한 해석

이 시는 일제 강점기에 쓰였으며 나룻배는 독립운동가, 행인은 조국(자기 나라)을 표현한 것으로 해석할 수 있음.

나의 사전 만들기

- 행인:
- 얕다:
-

1. '나룻배와 행인'에서 나룻배를 대하는 행인의 감정으로 알맞은 것을 고르십시오.

   ① 원망　　② 슬픔　　③ 기쁨　　④ 무관심

2. '나룻배와 행인'을 작가 중심으로 해석한다면 나룻배와 행인은 각각 누구인지 써 봅시다.

   - 나룻배:
   - 행인:

동백꽃

김유정

가 오늘도 또 우리 수탉이 막 쫓기었다. 내가 점심을 먹고 나무를 하러 갈 양으로 나올 때이었다. 산으로 올라서려니까 등 뒤에서 푸드득푸드득 하고 닭의 횃소리가 야단이다. 깜짝 놀라서 고개를 돌려보니 아니나 다르랴, 두 놈이 또 얼리었다.

점순네 수탉(대강이가 크고 똑 오소리같이 실팍하게 생긴 놈)이 덩저리 작은 우리 수탉을 함부로 해내는 것이다. 그것도 그냥 해내는 것이 아니라 푸드득, 하고 면두를 쪼고 물러섰다가 좀 사이를 두고 또 푸드득, 하고 모가지를 쪼았다. 이렇게 멋을 부려 가며 여지없이 닦아 놓는다. 그러면 이 못생긴 것은 쪼일 적마다 주둥이로 땅을 받으며 그 비명이 킥, 킥할 뿐이다. 물론 미처 아물지도 않은 면두를 또 쪼이어 붉은 선혈은 뚝뚝 떨어진다. 이걸 가만히 내려다보자니 내 대강이가 터져서 피가 흐르는 것같이 두 눈에서 불이 번쩍 난다. -중략-

나 고놈의 계집애가 요새로 들어서서 왜 나를 못 먹겠다고 고렇게 아르렁거리는지 모른다. 나흘 전 감자 조각만 하더라도 나는 저에게 조금도 잘못한 것은 없다.

계집애가 나물을 캐러 가면 갔지 남 울타리 엮는 데 쌩이질을 하는 것은 다 뭐냐. 그것도 발소리를 죽여 가지고 등 뒤로 살며시 와서,

"얘! 너 혼자만 일하니?" 하고 긴치 않은 수작을 하는 것이다.

어제까지도 저와 나는 이야기도 잘 않고 서로 만나도 본 척 만 척하고 이렇게 점잖게 지내던 터이련만 오늘로 갑작스레 대견해졌음은 웬일인가. 황차

- 횃소리: 닭이나 새가 날갯짓으로 홰 막대기를 치는 소리.
- 얼리다: 서로 얽혀 한 덩어리가 되다.
- 덩저리: 몸집, 체격.
- 면두: 닭의 볏.
- 모가지: 목.
- 쪼다: 뾰족한 끝으로 쳐서 찍다.
- 선혈: 생생한 피.
- 쌩이질: 한창 바쁠 때에 쓸데없는 일로 남을 귀찮게 구는 짓.
- 긴치 않다: 꼭 필요하지 않다.
- 대견하다: 훌륭하고 기특하게 여겨져 마음에 들다.

망아지만 한 계집애가 남 일하는 놈 보구.

"그럼 혼자 하지 떼루 하디?"

내가 이렇게 내배앝는 소리를 하니까,

"너 일하기 좋니?" 또는, "한여름이나 되거든 하지 벌써 울타리를 하니?"

잔소리를 두루 늘어놓다가 남이 들을까 봐 손으로 입을 틀어막고는 그 속에서 깔깔댄다.

별로 우스울 것도 없는데 날씨가 풀리더니 이놈의 계집애가 미쳤나 하고 의심하였다.

게다가 조금 뒤에는 제 집께를 할금할금 돌아보더니 행주치마의 속으로 꼈던 바른손을 뽑아서 나의 턱밑으로 불쑥 내미는 것이다. 언제 구웠는지 아직도 더운 김이 확 끼치는 **㉠ 굵은 감자 세 개**가 손에 뿌듯이 쥐였다.

"느 집엔 이거 없지?"

하고 생색 있는 큰소리를 하고는 제가 준 것을 남이 알면은 큰일 날 테니 여기서 얼른 먹어 버리란다. 그리고 또 하는 소리가

"너 봄 감자가 맛있단다."

㉡ "난 감자 안 먹는다, 너나 먹어라."

나는 고개도 돌리려 하지 않고 일하던 손으로 그 감자를 도로 어깨너머로 쑥 밀어 버렸다.

그랬더니 그래도 가는 기색이 없고 뿐만 아니라 쌔근쌔근, 하고 심상치 않게 숨소리가 점점 거칠어진다. 이건 또 뭐야, 싶어서 그때서야 비로소 돌아다보니 나는 참으로 놀랐다. 우리가 이 동리에 들어온 것은 근 삼 년째 되어 오지만 여태껏 가무잡잡한 점순이의 얼굴이 이렇게까지 홍당무처럼 새빨개진 법이 없었다. 게다 눈에 독을 올리고 한참 나를 요렇게 쏘아 보더니 나중에는 눈물까지 어리는 것이 아니냐. 그리고 바구니를 다시 집어 들더니 이를 꼭 악물고는 엎어질 듯 자빠질 듯 논둑으로 횡허케 달아나는 것이다.

- 황차: 하물며
- 행주치마: 앞치마.
- 바른손: 오른손.
- 생색: 다른 사람 앞에 당당히 나서거나 지나치게 자랑하는 것.
- 기색: 어떠한 행동이나 마음을 짐작할 수 있게 하여 주는 눈치나 낌새.
- 횡허케: '휭하니'를 예스럽게 이르는 말. 곧장 빠르게 가는 모양.

㉰ 어쩌다 동리 어른이,

"너 얼른 시집가야지?" 하고 웃으면,

㉢ "염려 마서유. 갈 때 되면 어련히 갈라구!"

이렇게 천연덕스레 받는 점순이었다. 본시 부끄럼을 타는 계집애도 아니려니와 또한 분하다고 눈에 눈물을 보일 얼병이도 아니다. 분하면 차라리 나의 등허리를 바구니로 한번 모질게 후려쌔리고 달아날지언정.

그런데 고약한 그 꼴을 하고 가더니 그 뒤로는 나를 보면 잡아먹으려고 기를 복복 쓰는 것이다. 설혹 주는 감자를 안 받아먹은 것이 실례라 하면, 주면 그냥 주었지 '느 집엔 이거 없지'는 뭐냐. **㉣ 그러잖아도 저희는 마름이고 우리는 그 손에서 배재를 얻어 땅을 부치므로 일상 굽실거린다.** 우리가 이 마을에 처음 들어와 집이 없어서 곤란으로 지낼 제 집터를 빌리고 그 위에 집을 또 짓도록 마련해 준 것도 점순네의 호의였다. -중략-

㉱ 나는 다시 닭을 잡아다 가두고 염려는 스러우나 그렇다고 산으로 나무를 하러 가지 않을 수도 없는 형편이었다. 소나무 삭정이를 따며 가만히 생각해 보니 암만해도 고년의 목쟁이를 돌려놓고 싶다. 이번에 내려가면 망할년 등줄기를 한번 되게 후려치겠다 하고 싱둥겅둥 나무를 지고는 부리나케 내려왔다.

거지반 집에 다 내려와서 나는 호드기 소리를 듣고 발이 딱 멈추었다. 산기슭에 널려 있는 굵은 바윗돌 틈에 노란 동백꽃이 소보록하니 깔리었다. 그 틈에 끼어 앉아서 점순이가 청승맞게시리 호드기를 불고 있는 것이다. 그보다도 더 놀란 것은 그 앞에서 또 푸드득푸드득 하고 들리는 닭의 횃소리다. 필연코 요년이 나의 약을 올리느라고 또 닭을 집어내다가 내가 내려올 길목에다 쌈을 시켜 놓고 저는 그 앞에 앉아서 천연스레 호드기를 불고 있음에 틀림없으리라.

- 천연덕스레: 시치미를 뚝 떼어 겉으로는 아무렇지 않은 체하는 태도가 있게.
- 얼병이: 겁이 많고 어리석으며 어수룩해 보이는 사람을 낮잡아 이르는 말.
- 마름: 지주를 대리하여 소작권을 관리하는 사람.
- 배재: 마름과 소작인 사이에 교환한 소작권 위임 문서.
- 삭정이: 살아 있는 나무에 붙어 있는, 말라 죽은 가지.
- 암만해도: 아무리 해도.
- 싱둥겅둥: 건성건성(정성을 들이지 않고 대강대강 일을 하는 모양).
- 거지반: 거의 절반.
- 호드기: 봄철에 물오른 버드나무 가지의 껍질을 고루 비틀어 뽑은 껍질이나 짤막한 밀짚 토막 따위로 만든 피리.

나는 약이 오를 대로 다 올라서 두 눈에서 불과 함께 눈물이 퍽 쏟아졌다. 나무 지게도 벗어 놀 새 없이 그대로 내동댕이치고는 지게막대기를 뻗치고 허둥지둥 달려들었다. -중략-

나는 대뜸 달려들어서 나도 모르는 사이에 큰 수탉을 단매로 때려 엎었다. 닭은 푹 엎어진 채 다리 하나 꼼짝 못 하고 그대로 죽어 버렸다. 그리고 나는 멍하니 섰다가 점순이가 매섭게 눈을 홉뜨고 닥치는 바람에 뒤로 벌렁 나자빠졌다.

"이놈아! 너 왜 남의 닭을 때려죽이니?"

"그럼 어때?"

하고 일어나다가,

"뭐 이 자식아! 누 집닭인데?"하고 복장을 떼미는 바람에 다시 벌렁 자빠졌다. 그리고 나서 가만히 생각하니 분하기도 하고 무안스럽고 또 한편 일을 저질렀으니 인젠 땅이 떨어지고 집도 내쫓기고 해야 될는지 모른다.

나는 비슬비슬 일어나며 소맷자락으로 눈을 가리고는 얼김에 엉, 하고 울음을 놓았다.

출처: 문학인신문(http://www.munhakin.kr)

1. **윗글의 내용과 맞는 것은 O, 다른 것은 X 표시를 해 봅시다.**

① 나는 점순이에게 먹으라고 봄 감자 세 개를 주었다. ( )

② 우리 집 닭은 점순네 닭보다 작아서 싸움을 하면 진다. ( )

③ 나는 우리 닭이 지는 것을 보고 화가 나서 점순이를 때렸다. ( )

④ 나는 점순이가 우리 집 닭과 자기네 닭을 싸움 붙이는 이유를 안다. ( )

2. **위의 ㉠~㉣에 대한 설명으로 맞지 않는 것을 고르십시오.**

① ㉠에서 감자는 나에 대한 점순이의 호감을 보여 준다.

② ㉡에서 내가 감자를 거절해서 점순이를 화나게 만들었다.

③ ㉢은 점순이가 나에게 시집오고 싶다는 마음을 표현한 것이다.

④ ㉣은 당시의 시대를 반영한 것으로 점순이와 나의 신분 차이를 드러낸다.

- 단매: 단 한 번 때리는 매.
- 홉뜨다: 눈알을 위로 굴리고 눈시울을 위로 치뜨다.
- 복장: 가슴의 한복판.
- 얼김: 어떤 일이 벌어지는 바람에 자기도 모르게 정신이 얼떨떨한 상태.

3. **윗글의 내용을 간단히 정리해 써 봅시다.**

- 점순이네 닭과 우리 닭이 싸움을 함.
- 우리 닭이 져서 피를 흘리는 것을 봄.
- 가 — 나의 마음 상태를 알 수 있는 부분 찾아 쓰기:

____

____

- 며칠 전에 점순이와 나 사이에 감자 사건이 있었음.
- 내가 일하고 있는데 점순이가 와서 필요하지 않은 말을 시킴.
- 점순이가 감자를 나에게 주었지만 나는 거절함.
- 나 — 내가 거절했을 때 점순이의 마음을 알 수 있는 부분 찾아 쓰기:

1) ______________________________

____

2) ______________________________

____

- 점순이가 화가 난 이유를 나는 잘 모르겠음.
- 우리 집은 점순이네의 도움을 받아 왔음.
- 다 — 점순이가 나에게 감자를 주었을 때 내가 안 받은 것은 나의 자존심 때문이었음을 알 수 있는 부분 찾아 쓰기:

____

____

- 내가 나무를 하러 간 사이에 점순이가 또 닭싸움을 시킴.
- 나는 우리 닭이 피를 흘리고 있는 것을 보고 화가 나서 점순이네 닭을 때려죽임.
- 라 — 내가 점순이네 닭을 죽이고 겁이 나서 한 행동을 알 수 있는 부분 찾아 쓰기:

____

____

생각 모으기

1. 다음 '동백꽃'의 마지막 부분을 읽어 봅시다.

동백꽃: 동백꽃은 봄에 피는 생강나무 꽃으로 강원도에서는 생강나무를 동백나무라 부르기도 함.

그러다 점순이가 앞으로 다가와서,

"그럼, 너 이 담부턴 안 그럴 테냐?" 하고 물을 때에야 비로소 살길을 찾은 듯싶었다. 나는 눈물을 우선 씻고 뭘 안 그러는지 명색도 모르건만,

"그래!" 하고 무턱대고 대답하였다.

"요 담부터 또 그래 봐라, 내 자꾸 못살게 굴 테니."

"그래 그래, 인젠 안 그럴 테야."

"닭 죽은 건 염려 마라. 내 안 이를 테니."

그리고 뭣에 떠다 밀렸는지 나의 어깨를 짚은 채 그대로 퍽 쓰러진다. 그 바람에 나의 몸뚱이도 겹쳐서 쓰러지며 한창 피어 퍼드러진 노란 동백꽃 속으로 폭 파묻혀 버렸다.

알싸한 그리고 향긋한 그 냄새에 나는 땅이 꺼지는 듯이 온 정신이 고만 아찔하였다.

"너 말 마라?"

"그래!" 조금 있더니 요 아래서,

"점순아! 점순아! 이년이 바느질을 하다 말구 어딜 갔어?" 하고 어딜 갔다 온 듯싶은 그 어머니가 역정이 대단히 났다.

점순이가 겁을 잔뜩 집어먹고 꽃 밑을 살금살금 기어서 산 아래로 내려간 다음 나는 바위를 끼고 엉금엉금 기어서 산 위로 치빼지 않을 수 없었다.

(1936년 5월 《조광(朝光)》 발표)

- 이르다: 어떤 사람의 잘못을 윗사람에게 말하여 알게 하다.
- 알싸하다: 매운맛이나 독한 냄새 따위로 콧속이나 혀 끝이 알알하다.
- 아찔하다: 갑자기 정신이 아득하고 조금 어지럽다.
- 역정: 몹시 언짢거나 못마땅해서 내는 화.
- 치빼다: 달아나다.

2. 윗글을 읽고 나와 점순이는 이후에 어떻게 되었을지 당시 시대를 반영하는 현실 반영 관점 또는 독자 중심 관점에서 해석하고 이야기해 봅시다.

현실 반영 관점	
독자 중심 관점	

더 읽어 보기 1

다음은 김소월 시인의 '먼 후일'이라는 시입니다. 시를 읽고 여러분의 모국어로 번역해 봅시다.

먼 후일

번역

김소월

먼 훗날 당신이 찾으시면
그때는 내 말이 잊었노라

당신이 속으로 나무라면
무척 그리다가 잊었노라

그래도 당신이 나무라면
믿기지 않아서 잊었노라

오늘도 어제도 아니 잊고
먼 훗날 그때에 잊었노라

- 후일: 시간이 지나 뒤에 올 날.
- 나무라다: 상대방의 잘못이나 부족한 점을 꼬집어 말하다.

작가: 김소월(1902~1934), 본명은 정식, 평안북도 정주 출생, 민요 시인, 전통 시인으로 불리며 한국 현대시사에서 전통적인 정서를 성공적으로 시로 표현한 대표적인 시인임. 그는 이별과 그리움에서 비롯한 슬픔, 눈물을 잘 표현함.

소재: 이별

주제: 떠나간 임을 잊을 수 없는 마음, 떠난 임에 대한 강렬한 그리움.

특징:

1) 3음보
2) '당신이, 잊었노라'의 반복어 사용
3) '-라면, 잊었노라'의 구조의 반복
4) 반어적 표현
(반어: 표현의 효과를 높이기 위하여 실제와 반대되는 뜻의 말을 하는 것. 못난 사람을 보고 "잘났어."라고 하는 것.)

더 읽어 보기 2

다음을 참고하여 '동백꽃'을 인물의 성격과 표현 방식을 중심으로 비평문을 써 봅시다.

김유정의 단편 소설 『동백꽃』은 농촌을 배경으로 한 유쾌한 사랑 이야기를 통해 그 시대 농민의 삶과 인간 감정을 재미있게 풀어낸 작품이다. 겉으로 보기에는 시골 소년과 소녀의 티격태격하는 갈등과 애정의 감정이 중심이지만 그 안에는 계층적 불평등, 농촌 현실, 남녀 간의 미묘한 심리 싸움 등이 담겨 있다.

이 소설은 1인칭 남성 화자, 즉 주인공 소년의 시선으로 이야기가 진행된다. 처음에 주인공 소년은 점순이의 행동을 이해하지 못하고 짜증을 내다가 마지막에야 그 감정의 본질이 애정이었음을 깨닫는다. 특히 "대견해졌음은 웬일인가."와 같은 표현은 자신의 감정을 인식하지 못하는 순진한 시선을 드러낸다. 이처럼 점순이의 관심을 알아차리지 못하는 주인공의 모습에서 독자는 미묘한 감정의 변화와 주인공이 성장하는 과정을 느낄 수 있다.

또한 김유정은 당시 농촌 사회의 구조적 현실을 간접적으로 보여 준다. 주인공은 마름의 딸인 점순이 집에서 땅을 빌려 농사 짓는 처지에 있고 이로 인해 점순이에게 경제적으로 종속된 위치에 있다. 이 관계는 단순한 소년 소녀 간의 갈등이 아니라 사회적 위계 안에서 형성된 감정의 충돌이기도 하다.

무엇보다도 김유정 특유의 언어 그리고 인간 심리에 대한 통찰은 『동백꽃』을 단순한 농촌의 남녀 사랑을 넘어선 문학적 깊이를 지닌 작품으로 만든다. 시대는 변했지만 인간의 감정은 여전히 유사하다. 『동백꽃』은 웃음 뒤에 감춰진 인간의 복잡한 마음과 그 시대의 현실을 따뜻하게 비춰 주는 작품이다.

나의 비평문

부록

독서 계획표

학번: ______________________ 이름: ______________________

제목:

저자:

출판사: 출판 연도:

이 책을 고른 이유

독서 계획

세부 계획	읽을 기간	읽을 분량
1차		
2차		
3차		

독서 일지 1

인상적인 부분(문장이나 장면)과 그 이유

새롭게 알게 된 것과 느낀 점

읽은 내용을 요약해 봅시다!

독서 일지 2

인상적인 부분(문장이나 장면)과 그 이유

새롭게 알게 된 것과 느낀 점

읽은 내용을 요약해 봅시다!

인상적인 부분(문장이나 장면)과 그 이유

새롭게 알게 된 것과 느낀 점

읽은 내용을 요약해 봅시다!

어휘 예습을 위한 활동지

1과 읽기 1

어휘	페이지	길라잡이 말	뜻 찾기 또는 예문 만들기
체계적	3	체계적인 관리	
분류	3	분류 기준	
범주	3	같은 범주에 속하다	
철학	3	동양 철학	
화학	3	화학 실험	
응용	3	응용 학문	
공학	3	첨단 공학	
의학	3	의학을 전공하다	
지리	3	지리에 밝다	
개발	3	재능 개발	
탐색	3	우주 탐색	
조합하다	3	색 조합	
효율적	3	효율적인 관리	
공유	3	정보 공유	

1과 읽기 2

어휘	페이지	길라잡이 말	뜻 찾기 또는 예문 만들기
경고	6	경고를 주다	
대량	6	대량 주문	
단일	6	단일 국가	
품종	6	우량 품종	
재배하다	6	작물 재배	

어휘	페이지	길라잡이 말	뜻 찾기 또는 예문 만들기
동일하다	6	동일 조건	
유전적	6	가풍 유전	
확산시키다	6	확산을 막다	
제한하다	6	나이 제한	
번식	6	세균 번식	
취약하다	6	취약 계층	
다양성	6	다양성을 띠다	
적응하다	6	시차 적응	
사례	6	성공 사례	
생태계	6	생태계를 보호하다	
공급	6	공급을 받다	
생존	6	생존을 위협하다	
의존하다	6	알코올 의존	
농업	6	농업에 종사하다	
위험성	6	위험성이 크다	
급격히	6	급격히 감소하다	
보존하다	6	보존 상태	
절대적	6	절대적 신뢰	
지속	7	지속 시간	
복원	7	문화재 복원	
균형	7	균형을 잡다	
뒷받침하다	7	부모의 뒷받침	

어휘 예습을 위한 활동지

2과 읽기 1

어휘	페이지	길라잡이 말	뜻 찾기 또는 예문 만들기
외향	13	외향적 성격	
맺다	13	인연을 맺다	
선호	13	소비자 선호	
성향	13	정치적 성향	
강점	13	강점을 살리다	
발휘하다	13	실력 발휘	
리더십	13	리더십을 발휘하다	
두각	13	두각을 나타내다	
적극적	13	적극적 태도	
참여	13	주민 참여	
집중력	13	집중력이 떨어지다	
기획	13	기획 상품	
분석하다	13	원인 분석	
자체	13	자체 점검	
전략	13	전략을 세우다	
조절	13	컨디션 조절	
개방적	13	개방적 사고	
면담	13	면담을 요청하다	
경청하다	13	강의 경청	

2과 **읽기 2**

어휘	페이지	길라잡이 말	뜻 찾기 또는 예문 만들기
철학자	16	직업	
한계	16	한계를 넘다	
적용	16	적용을 받다	
미묘하다	16	미묘한 변화	
세밀하다	16	묘사가 세밀하다	
모호하다	16	설명이 모호하다	
인정받다	16	능력을 인정받다	
실망스럽다	16	결과가 실망스럽다	
명확하다	16	근거가 명확하다	
해결책	16	해결책을 마련하다	
단계	16	마무리 단계	
흥미롭다	16	이야기가 흥미롭다	
뇌	16	뇌 세포	
논리적	16	논리적 근거	
앞두다	16	시험을 앞두다	
막연히	16	막연히 생각하다	
두렵다	17	두려운 마음	
불필요	17	불필요한 말	
타인	17	타인의 입장	
개선하다	17	제도 개선	
반응	17	반응이 빠르다	
가능성	17	가능성이 높다	

어휘 예습을 위한 활동지

어휘	페이지	길라잡이 말	뜻 찾기 또는 예문 만들기
갈등	17	갈등이 심하다	
솔직하다	17	성격이 솔직하다	
유지하다	17	질서 유지	
기록	17	기록을 남기다	
적절하다	17	적절한 시기	
일상	17	일상에 만족하다	
기술	17	기술을 개발하다	

3과 읽기 1

어휘	페이지	길라잡이 말	뜻 찾기 또는 예문 만들기
맞들다	23	짐을 맞들다	
원리	23	원리를 발견하다	
보완하다	23	문제점 보완	
운반	23	이삿짐 운반	
저항	23	저항을 받다	
효율	23	효율을 높이다	
제작하다	23	음반 제작	
수월하다	23	찾기가 수월하다	
개성	23	개성이 강하다	
원활하다	23	소통이 원활하다	
필수적	23	필수적인 요인	
존중하다	23	존중을 받다	

3과 읽기 2

어휘	페이지	길라잡이 말	뜻 찾기 또는 예문 만들기
지성	26	지성이 뛰어나다	
다수	26	다수 의견	
협력	26	경제 협력	
개념	26	개념을 이해하다	
개별	26	개별 행동	
지적	26	지적 호기심	
현상	26	열대야 현상	
결합하다	26	결합 관계	
한정되다	26	한정 판매	
공동체	26	공동체에 속하다	
확장하다	26	확장 공사	
특정	26	특정 집단	
추가하다	26	추가 모집	
창의적	26	창의적인 생각	
혁신적	26	혁신적인 기술	
모색하다	26	방안의 모색	
입력하다	26	자료 입력	
보장하다	26	원금 보장	
활용하다	26	공간 활용	
설정되다	26	목표 설정	
조성되다	26	분위기 조성	
확대되다	27	확대와 축소	

어휘 예습을 위한 활동지

4과 **읽기 1**

어휘	페이지	길라잡이 말	뜻 찾기 또는 예문 만들기
일종	33	일종의 자유	
매체	33	대중 매체	
등장	33	주인공의 등장	
대사	33	대사를 외우다	
전개	33	새로운 전개	
흐름	33	강물의 흐름	
연출	33	영화 연출	
조명	33	조명이 밝다	
직접	33	직접적 이유	
실시간	33	실시간 방송	
편집	33	잡지 편집	
제작자	33	영화 제작자	
의도	33	의도를 파악하다	
소품	33	소품을 활용하다	
상대적	33	상대적 평가	

4과 읽기 2

어휘	페이지	길라잡이 말	뜻 찾기 또는 예문 만들기
종종	36	종종 나타나다	
후순위	36	후순위로 밀리다	
강화	36	국력 강화	
인지	36	인지 능력	
학업	36	학업을 마치다	
성취	36	소원 성취	
성과	36	성과를 올리다	
박자	36	박자를 맞추다	
창의력	36	창의력을 키우다	
비판적	36	비판적 사고	
사고	36	사고 능력	
상상력	36	상상력이 풍부하다	
창의성	36	창의성을 발휘하다	
환경	36	자연 환경	
시각	36	긍정적인 시각	
독창적	36	독창적 사고	
정서	36	정서 불안	
해소	36	스트레스 해소	
협동심	37	협동심을 기르다	
소홀하다	37	일에 소홀하다	

어휘 예습을 위한 활동지

5과 읽기 1

어휘	페이지	길라잡이 말	뜻 찾기 또는 예문 만들기
육체	43	건강한 육체	
밀접	43	밀접 지역	
요소	43	구성 요소	
상호 작용	43	상호 작용이 이루어진다	
우울증	43	우울증을 앓다	
현대인	43	현대인의 스트레스	
겪다	43	고통을 겪다	
앓다	43	감기를 앓다	
수치	43	통계 수치	
호소	43	고통 호소	
부정적	43	부정적 태도	
면역	43	면역 체계	
체계	43	체계가 잡히다	
약화	43	국력을 약화시키다	
저하	43	시력 저하	
못지않다	43	전문가 못지않다	
향상	43	기술 향상	
인식	43	인식이 달라지다	

5과 **읽기 2**

어휘	페이지	길라잡이 말	뜻 찾기 또는 예문 만들기
체질	46	체질 개선	
한방	46	한방 치료	
독특하다	46	취향이 독특하다	
발생하다	46	사건 발생	
사상의학	46	사상의학이 발달하다	
구분	46	구분이 뚜렷하다	
체형	46	통통한 체형	
특이	46	특이 행동	
상체	46	상체가 발달하다	
하체	46	하체가 발달하다	
종합적	46	종합적 연구	
판단하다	46	상황 판단	
목덜미	46	목덜미를 잡히다	
부위	46	상처 부위	
불안정	46	정서적인 불안정	
구별	46	남녀 구별	
자존심	46	자존심을 지키다	
진취적	46	진취적 사고	
타협	46	노사 타협	
치밀하다	46	치밀한 계획	
폐	46	폐 질환	
간	46	간 이식	

어휘 예습을 위한 활동지

어휘	페이지	길라잡이 말	뜻 찾기 또는 예문 만들기
예리하다	46	예리한 송곳	
열성적	46	열성적 태도	
정의감	46	정의감이 강하다	
불의	46	불의에 맞서다	
인정	46	인정이 넘치다	
신장	46	신장 수술	
침착하다	46	침착한 대응	
자질	46	자질을 갖추다	
보수적	46	보수적 태도	
대장	46	대장 내시경	
용모	46	용모가 단정하다	
얌전하다	46	얌전을 떨다	
차분하다	46	성격이 차분하다	
소극적	47	소극적 성격	
간섭	47	간섭을 받다	
소심하다	47	소심한 성격	

6과 읽기 1

어휘	페이지	길라잡이 말	뜻 찾기 또는 예문 만들기
붓	53	붓으로 그리다	
드러나다	53	사실이 드러나다	
형상	53	동물의 형상	
동양인	53	동양인과 서양인	
서양인	53	동양인과 서양인	
주목	53	주목을 끌다	
조화	53	조화를 이루다	
중시하다	53	환경 중시	
맥락	53	같은 맥락	
개체	53	개체가 모이다	
파악하다	53	분위기 파악	
사고방식	53	사고방식이 다르다	
날카롭다	53	칼날이 날카롭다	
적합하다	53	적합 판정	
선명하다	53	선명한 사진	
정밀하다	53	정밀 검사	
유리하다	53	유리한 조건	
경계	53	경계 지역	
반영하다	53	현실을 반영하다	
관점	53	관점이 다르다	
우연	53	우연의 일치	
직관	53	직관으로 판단하다	

6과 읽기 2

어휘	페이지	길라잡이 말	뜻 찾기 또는 예문 만들기
주택	56	주택을 짓다	
에너지	56	에너지가 넘치다	
미치다	56	기대에 미치다	
뚜렷하다	56	의식이 뚜렷하다	
기후	56	기후가 좋다	
요인	56	성공 요인	
문화적	56	문화적 차이	
깊숙이	56	깊숙이 들어가다	
비교적	56	비교적 가깝다	
절감하다	56	에너지 절감	
곰팡이	56	곰팡이가 피다	
세균	56	세균 검출	
억제하다	56	감정 억제	
간주되다	56	범죄자로 간주하다	
주거	56	주거 공간	
배경	56	사진의 배경	
유사하다	56	유사 제품	
경향	56	새로운 경향	
최대한	56	최대한 노력하다	
확보하다	56	인력 확보	
기피하다	56	책임 기피	
낮추다	56	온도를 낮추다	

어휘	페이지	길라잡이 말	뜻 찾기 또는 예문 만들기
설치하다	56	인터넷 설치	
열대	56	열대 지방	
적도	56	지구의 적도	
차단하다	56	자외선 차단	
존재하다	57	특별한 존재	
태양	57	태양이 뜨다	
수요	57	수요가 늘다	
부담스럽다	57	부담스러운 상황	
최적	57	최적의 환경	
시간대	57	출퇴근 시간대	
민감하다	57	피부가 민감하다	
작업	57	준비 작업	
고려하다	57	고려 사항	
신중	57	신중을 기하다	
비롯하다	57	비롯한 일	
설계	57	건물의 설계	
나아가다	57	거리로 나아가다	

어휘 예습을 위한 활동지

7과 읽기 1

어휘	페이지	길라잡이 말	뜻 찾기 또는 예문 만들기
불평등	63	남녀 불평등	
공정성	63	공정성을 잃다	
보상	63	보상을 받다	
믿음	63	믿음이 생기다	
이상적	63	이상적 방법	
작동하다	63	작동을 멈추다	
사교육	63	사교육 시장	
경쟁	63	경쟁 상대	
경제력	63	경제력 차이	
학력	63	최종 학력	
유대감	63	유대감을 형성하다	
심화시키다	63	심화 학습	
지원	63	생활비 지원	
착각	63	착각에 빠지다	

7과 읽기 2

어휘	페이지	길라잡이 말	뜻 찾기 또는 예문 만들기
이익	66	이익과 손해	
추구	66	행복 추구	
연대	66	연대 책임	
의식	66	의식을 잃다	
함부로	66	함부로 말하다	
규범	66	규범을 어기다	
실천	66	실천에 옮기다	
약자	66	약자를 보호하다	
곡식	66	곡식을 거두다	
운영되다	66	기업 운영	
귀족	66	왕실 귀족	
기부	66	장학금 기부	
책임	66	책임을 지다	
실현되다	66	꿈의 실현	
수칙	66	수칙을 지키다	
준수하다	66	신호 준수	
대응	66	법적 대응	
극복	66	위기 극복	
퍼지다	66	아래로 퍼지다	
무너지다	66	건물이 무너지다	
전반	66	사회 전반	
자금	66	결혼 자금	

어휘 예습을 위한 활동지

어휘	페이지	길라잡이 말	뜻 찾기 또는 예문 만들기
노동	66	노동 시간	
파괴	66	시설 파괴	
우선시	66	능력을 우선시하다	
규제	66	규제를 강화하다	
무시	66	무시를 당하다	
유해	66	유해 물질	
물질	66	물질과 정신	
장기적	66	장기적 목표	
악영향	66	악영향을 미치다	
부유층	66	부유층 자녀	
세금	66	세금을 내다	
실질적	66	실질적 이익	
회복	67	피로 회복	

8과 **읽기 1**

어휘	페이지	길라잡이 말	뜻 찾기 또는 예문 만들기
구매하다	73	상품 구매	
구매자	73	구매자 취향	
판매자	73	상품 판매자	
벌어지다	73	사건이 벌어지다	
격차	73	소득 격차	
거래	73	거래가 이루어지다	
겉보기	73	겉보기와 다르다	
먹음직스럽다	73	음식이 먹음직스럽다	
신맛	73	매실의 신맛	
품다	73	알을 품다	
멀쩡하다	73	팔다리가 멀쩡하다	
반반	73	반반으로 나누다	
가정하다	73	가정을 세우다	
평균	73	평균 점수	
이득	73	막대한 이득	
손해	73	손해를 입히다	
빠져나가다	73	감옥에서 빠져나가다	
방안	73	해결 방안	
마련하다	73	용돈 마련	
시도	73	시도가 성공하다	
이어지다	73	아래로 이어지다	
매매	73	부동산 매매	
이력	73	이력이 화려하다	
조회하다	73	비밀번호 조회	

어휘 예습을 위한 활동지

8과 읽기 2

어휘	페이지	길라잡이 말	뜻 찾기 또는 예문 만들기
왜곡	76	역사 왜곡	
편파적	76	편파적인 보도	
항구	76	항구 도시	
머무르다	76	여관에 머무르다	
범위	76	범위가 넓다	
움직임	76	움직임을 따라가다	
제시하다	76	의견 제시	
경제학	76	경제학을 전공하다	
실험	76	성능 실험	
당시	76	그 당시	
참가자	76	참가자를 모집하다	
차지하다	76	공간을 차지하다	
비율	76	비율이 증가하다	
회원국	76	유엔 회원국	
주어지다	76	기회가 주어지다	
집단	76	집단을 이루다	
무려	76	무려 오십 개가 넘다	
추정	76	추정 보도	
이외	76	관계자 이외	
엉뚱하다	76	엉뚱한 생각	
유도하다	76	대화 유도	
상인	76	노점 상인	

어휘	페이지	길라잡이 말	뜻 찾기 또는 예문 만들기
효과적	76	효과적인 방법	
발길	77	발길을 멈추다	
인하하다	77	가격 인하	
소비자	77	소비자 물가	
상대	77	대화 상대	
마음속	77	마음속으로 다짐하다	
단순히	77	단순히 생각하다	
진정하다	77	진정한 친구	
가치	77	가치가 높다	
따지다	77	원인을 따지다	

9과 읽기 1

어휘	페이지	길라잡이 말	뜻 찾기 또는 예문 만들기
인공	83	인공 호수	
지능	83	지능이 높다	
저작권	83	저작권을 가지다	
인정	83	소유권 인정	
작곡하다	83	동요 작곡	
신인	83	신인 배우	
경매	83	경매 가격	
창작	83	창작과 모방	
불구하다	83	그럼에도 불구하고	
장애	83	장애 요인	
투자	83	시간 투자	
줄어들다	83	숫자가 줄어들다	
선진국	83	선진국과 후진국	
논의	83	논의를 거치다	
경쟁력	83	경쟁력을 키우다	
위협하다	83	생존을 위협하다	
내놓다	83	밖으로 내놓다	
불과하다	83	절반에 불과하다	
수만	83	수만 명	
인간	83	인간 사회	
작품	83	예술 작품	
모방	83	모방 범죄	

어휘	페이지	길라잡이 말	뜻 찾기 또는 예문 만들기
비판	83	잘못을 비판하다	
사상	83	사상의 자유	
관여하다	83	정부의 관여	
타당하다	83	근거가 타당하다	
의욕	83	의욕이 넘치다	
꺾이다	83	나뭇가지가 꺾이다	
침체되다	83	경기 침체	
우려	83	우려가 크다	
밀리다	83	사람들에게 밀리다	
바람직하다	83	바람직한 행동	

어휘 예습을 위한 활동지

9과 읽기 2

어휘	페이지	길라잡이 말	뜻 찾기 또는 예문 만들기
채용	86	채용 공고	
도입	86	기술 도입	
인사	86	인사 관리	
담당자	86	업무 담당자	
실시하다	86	훈련 실시	
지원자	86	입사 지원자	
역량	86	역량을 강화하다	
공정하다	86	공정 선거	
합리적	86	합리적인 방법	
응시	86	응시에 합격하다	
실무	86	실무 회담	
부서	86	담당 부서	
만족도	86	고객 만족도	
절반	86	절반 이상	
응답하다	86	응답을 기다리다	
측면	86	오른쪽 측면	
점유율	86	점유율이 높다	
관계자	86	관계자를 만나다	
객관적	86	객관적 증거	
현장	86	서식 현장	
능숙하다	86	솜씨가 능숙하다	
답변	86	답변을 듣다	

어휘	페이지	길라잡이 말	뜻 찾기 또는 예문 만들기
보충	86	보충 수업	
강조하다	86	강조 사항	
축소하다	86	예산 축소	
숨기다	86	사실을 숨기다	
간혹	86	간혹 생기다	
좁히다	86	길을 좁히다	
선후배	87	학교 선후배	
충돌	87	자동차 충돌	
꼼꼼하다	87	꼼꼼한 성격	
갖추다	87	시설을 갖추다	
시스템	87	시스템을 갖추다	
조직	87	조직을 구성하다	
여전히	87	여전히 똑같다	
논쟁	87	논쟁을 벌이다	
전적	87	전적인 책임	

모범 답안

1과 자료 찾으며 읽기: 자연과 인간의 공존

읽기 1: 3쪽

1. ④
2. 자료를 효율적으로 정리할 수 있을 뿐만 아니라, 지식을 체계적으로 공유하고 접근성을 높이는 데 중요한 역할을 한다.
3. 500번대 자연과학

읽기 2 어휘 학습: 5쪽

2. 1) 품종이　2) 생태계라고　3) 단일　4) 재배하고
3. 1) ㉰　2) ㉱　3) ㉮　4) ㉯

읽기 2: 7쪽

1. ④
2. (ㄱ) 이 방식: 씨가 없는 바나나를 영양 생식으로 대량 재배하는 방식
   (ㄴ) 이러한 특징: 자연 상태의 씨가 있는 바나나가 유전적 다양성을 유지하며 병충해나 환경 변화에 적응할 수 있는 특징
3. 1) O　2) O　3) O

생각 모으기: 9쪽

1. 1) 정보를　2) 유용하고　3) 파악하는
2.

어휘	고유어	한자어	외래어
바나나			✓
병원		✓	
고양이	✓		
커피			✓
연필		✓	
포도		✓	

어휘	고유어	한자어	외래어
바람	✓		
주스			✓
초콜릿			✓
나무	✓		
가족		✓	
피아노			✓

2과 예측하며 읽기: 내 안의 나

읽기 1: 13쪽

1. ③, ④
2. 외향형과 내향형의 특징/ 외향형과 내향형의 장점/ 외향형과 내향형의 강점을 활용하는 전략

읽기 2 어휘 학습: 15쪽

1. 1) 감정을 2) 논리적 3) 세밀한
2. 1) ㉮ 2) ㉰ 3) ㉱ 4) ㉯
3. 1) 원인을 2) 감정 세분화

읽기 2: 18쪽

1. "네가 약속을 지키지 않아서 나는 실망했고, 내 시간이 존중받지 못한 것 같아 속상해." 등
2. 1) X 2) O 3) O

생각 모으기: 19쪽

1. 1) 이어질 2) 제목을 3) 배경지식이나 4) 사회에 미칠 효과
2. 1) ㉱ 2) ㉰ 3) ㉮ 4) ㉲ 5) ㉯

3과 요약하며 읽기: 함께하는 힘

생각해 보기: 22쪽

- 협력: 함께 힘을 모아 일하는 것
- 협동: 서로 역할을 나누어 도와주는 것
- 협업: 각자의 능력을 살려 함께 일하는 것

읽기 1: 23쪽

1. ①, ②
2. 협업은 서로의 역할을 나누고 보완하여 더 나은 결과를 만들어가는 과정이다.

읽기 2 어휘 학습: 25쪽

1. 1) 디지털 기술이 2) 설정하는 3) 혁신적인 4) 발휘하는

모범 답안

2.

여러 사람이 함께 생각하고 문제를 해결하는 능력을 (집단 지성)이라고 한다. 집단 지성이 잘 작동하려면 사람들 사이에 (소통)과 정보 공유가 원활해야 한다. 또한 구성원들이 (적극적)으로 참여하고 서로 (협력해야) 더 좋은 결과를 얻을 수 있다. 다른 사람의 생각을 받아들이고 부족한 부분을 (보완하는) 자세도 중요하다. 이러한 조건이 갖추어질 때 집단 지성은 매우 (효과적)으로 작동할 수 있다.

읽기 2: 27-28쪽

1.

처음

가 — 집단 지성이란 여러 사람이 협력하여 개별 지성을 넘어서는 지적 능력을 발휘하는 현상이다. 현대 사회에서는 협력을 통해 더 나은 해결책을 찾는 과정이 점점 더 중요해지고 있다.

중간

나 — **집단 지성의 확장:** 과거에는 집단 지성이 주로 특정 공동체나 조직 내에서 이루어졌으나, 인터넷과 디지털 기술의 발전으로 인해 그 범위가 전 세계로 확장되었다. 대표적인 예로 위키백과(Wikipedia)를 들 수 있는데, 이는 특정 전문가가 정보를 작성하는 것이 아니라, 다양한 사람들이 자유롭게 내용을 추가하고 수정하면서 발전해 왔다.

다 — **집단 지성의 효과와 한계:** 집단 지성이 효과적으로 작동하는 이유는 다양한 배경의 사람들이 협력하여 창의적이고 혁신적인 아이디어를 창출하고, 문제 해결 속도를 높일 수 있기 때문이다. 또한, 개인의 실수를 보완하며 더 신뢰할 수 있는 결과를 도출할 수 있다는 점도 장점이다. 그러나 잘못된 정보의 확산이나 다수 의견의 오류 가능성도 존재한다. 따라서 집단 지성을 효과적으로 활용하려면 명확한 목표 설정, 열린 토론, 적극적인 정보 공유, 그리고 효율적인 소통 구조가 필요하다.

끝

라 — **디지털 기술과 집단 지성의 미래:** 디지털 기술의 발전으로 집단 지성의 역할이 확대되고 있고, AI와 빅데이터가 결합되면 협업과 혁신이 더욱 효과적으로 이루어질 것이다. 정보의 보유보다 공유와 협력이 중요한 시대가 되어, 집단 지성은 창의적이고 발전적인 사회를 만드는 데 핵심적인 역할을 할 것이다.

2. ③
3. ④
4. 1) O 2) X

생각 모으기: 29쪽

1. 1) ② 세부 내용이나 반복되는 내용을 삭제한다.
   ③ 문단의 중요 단어나 핵심어 문장을 찾아 선택한다.
   2) ③ 문단의 중요 단어나 핵심어 문장을 찾아 선택한다.
   ④ 여러 개의 용어나 개념을 상위 수준의 말로 바꾼다.
2. ▪ 지속적: 이러한 방식은 집단의 협력을 통해 방대한 양의 정보를 축적하고 지속적으로 개선할 수 있도록 돕는다.
   ▪ 효과적: 집단 지성이 효과적으로 작동하는 이유는 여러 가지가 있다.

4과 글의 종류 파악하며 읽기: 예술과 교육

생각해 보기: 32쪽

② 출판업 생산이 한 달 만에 적자를 기록하면서 노벨상을 받은 효과는 잠깐 나타난 것으로 보인다.

③ 영화가 연극으로, 뮤지컬이 영화로 만들어지면서 장르의 경계가 넘나드는 공연이 늘고 있다.

읽기 1: 33쪽

1. ②
2. ②, ④
3. 연극과 영화는 연출이 중요하며 음악과 조명, 배경 등을 통해 분위기와 감정을 관객에게 전달한다는 공통점이 있으나 상영 방식, 제작과정에 차이점이 있다./ 연극과 영화는 공통점도 있고 차이점도 있다.

읽기 2 어휘 학습: 35쪽

1. 1) 집중력 2) 성과 3) 종종 4) 강화되어 5) 밀린
2. 1) ㉯ 2) ㉮ 3) ㉱ 4) ㉰

읽기 2: 37쪽-38쪽

1.

음악 교육이 중요한 이유	• 뇌의 문제 해결 능력과 집중력을 키우는 데 큰 도움이 된다. • 음악을 배우는 과정에서 언어 능력이 향상된다. • 학생들이 다른 과목을 학습하는 데에도 긍정적인 영향을 미친다. • 학생들이 자신의 감정을 표현하고 다룰 수 있도록 돕는다. • 음악을 통해 스트레스를 해소하거나 긍정적인 감정을 표현하는 능력을 기를 수 있다. • 그룹 작업을 통해 학생들은 협동심과 소통 능력을 배운다.
미술 교육이 중요한 이유	• 학생들에게 자기표현의 기회를 제공하고 상상력과 창의성을 발휘할 수 있는 환경을 만들어 준다. • 미술을 통해 학생들은 자신의 생각을 구체화하고 그 과정에서 자신감을 기를 수 있다. • 학생들이 자신의 감정을 표현하고 다룰 수 있도록 돕는다. • 미술 작품을 만들면서 감정을 표현하고 이를 통해 자기 이해와 정서적 건강을 증진시킬 수 있다. • 그룹 작업을 통해 학생들은 협동심과 소통 능력을 배운다.

2. 1) X 2) O
3. 주제: 예술 교육은 학교 교육에서 강화되어야 한다.

모범 답안

생각 모으기: 39쪽

1. ① 근거　② 주장　③ 주장　④ 근거

5과 설명 방법 확인하며 읽기: 건강과 나

생각해 보기: 42쪽

1. ①, ④
2. ③

읽기 1: 43쪽

1. ①, ②
2. 정신 건강은 우리의 감정, 사고, 행동에 영향을 미치는 상태를 말한다.
3. 정신 건강의 중요성

읽기 2 어휘 학습: 45쪽

1. 1) 예리해　2) 처방했다.　3) 체질별로　4) 특이하게　5) 사교성이
2. 1) ㉮　2) ㉰　3) ㉱　4) ㉯

읽기 2: 47쪽-48쪽

1.

[태양인의 특징]

- 외모: 가슴 윗부분과 어깨가 발달되어 넓고 목덜미가 굵은 대신 허리 아래 부위가 약함. 특히 다리가 약함.
- 성격: 자존심이 강하고 적극적이고 진취적임(장점). 사교성과 타협성이 부족하고 일을 진행하는 데 있어 계획성이 부족함(단점).
- 건강: 폐의 기능이 좋으나 간의 기능은 약함.

[소양인의 특징]

- 외모: 가슴 부분이 발달하고 엉덩이가 약한 체험. 얼굴이 희며 보통 마른 편이 많고 예리해 보임.
- 성격: 활동적이고 열성적이며 희생 정신이 강함(장점), 성격이 급하고 실수가 많음(단점).
- 건강: 췌장과 위장의 기능이 좋으나 신장의 기능은 약함.

[태음인의 특징]

- 외모: 허리 부위가 발달함, 목 부분이 상대적으로 약함. 체격이 크고 살이 많음.
- 성격: 잘 참고 견디는 힘이 있음(장점), 보수적인 면도 있고 게으르며 욕심이 많음(단점).
- 건강: 간의 기능이 좋으나 폐, 심장, 대장, 피부가 약함.

[소음인의 특징]

- 외모: 하체가 발달함, 가슴둘레가 약함, 전체적으로 마르고 약한 체형.
- 성격: 치밀하고 계획성이 뛰어남(장점), 소심함(단점).
- 건강: 신장의 기능이 좋으나 비위 기능이 약함.

2. ② 소양인은 ③ 태음인은 ④ 소음인은

3. O

생각 모으기: 49쪽

1. ① 정의 ② 비교와 대조 ③ 인과

6과 글의 구조 분석하며 읽기: 문화에 따라 달라지는 선택

생각해 보기: 52쪽

사람들은 같은 현상을 보더라도 문화에 따라 다르게 인식하고 해석한다. 특히 서양인과 동양인은 어떤 일이 일어났을 때 그 원인을 찾는 방식에서 차이를 보인다. 이러한 차이는 각 문화권이 세상을 바라보는 인식의 방식이 다르기 때문이다. / 서양인은 현상의 원인을 주로 사물의 내부에서 찾으려는 경향이 있다. 예를 들어 서양인들은 풍선이 위로 떠오르는 모습을 보고 "풍선에 바람이 빠졌다."라고 해석한다. 이는 풍선 내부의 변화가 원인이라는 인식이다. / 반면, 동양인은 외부 환경에서 원인을 찾는 경우가 많다. 위의 장면을 보고 "갑자기 바람이 불었다."라고 말하는 것은 바람이라는 외부 요인이 풍선을 움직였다고 본 것이다. / 이처럼 같은 풍선의 움직임을 보더라도 사람들은 문화에 따라 원인을 다르게 해석한다. 이러한 차이는 서양과 동양이 세상을 바라보는 관점과 사고방식이 다르기 때문에 나타나는 문화적 인식의 차이라고 할 수 있다.

읽기 1: 53쪽

1. 1) O 2) X

2.

구조	문단의 중심 내용	내용 기술의 특징
도입	㉮ 동양과 서양은 사물이나 현상을 바라보는 방식에서 서로 다른 특징을 지님.	동양과 서양의 (사고방식)의 차이를 시각적 인식, (필기구) 사례를 통해 구체적으로 설명하고 있음.
전개	㉯ 서양인이 부분에 주목한다면 동양인은 전체를 바라봄.	
	㉰ 세상을 인식하는 데 있어 동양인은 직관적이고 서양인은 분석적임.	
	㉱ 동양과 서양의 사고방식의 차이는 필기구에서도 나타남.	
정리	㉲ 동양과 서양의 인식 차이는 문화적 관점에서 비롯된 필연적인 결과임.	

읽기 2 어휘 학습: 55쪽

1. 1) ㉯ 2) ㉰ 3) ㉵ 4) ㉲ 5) ㉱ 6) ㉮

2. ㉠ 서론 ㉡ 정의 ㉢ 문제 제기를 ㉣ 연구 목적을

모범 답안

읽기 2: 57쪽-58쪽

1. 서론: ㉮ 본론: ㉯, ㉰, ㉱ 결론: ㉲

2. ㉱

3.

목차

Ⅰ. 서론
1.1. 연구의 배경
1.2. 연구 목적 및 범위

Ⅱ. 한국에서 남향집이 선호되는 이유
2.1. 기후적 요인
2.2. 경제적 요인
2.3. 문화적 요인

Ⅲ. 세계 각국의 주택 방향 선호도 비교
3.1. 일본 및 중국
3.2. 북유럽 및 남유럽
3.3. 열대 및 적도 지역

Ⅳ. 결론

4. 1) X 2) X

5. 예) 한국과 세계 각국의 주택 방향 선호도에 대한 비교 연구

생각 모으기: 59쪽

1. 발단: ①, ②, ③ 전개: ④, ⑤ 위기: ⑥, ⑦, ⑧, ⑨ 절정: ⑩, ⑪
결말: ⑫

2. 1) ㉡ 2) ㉢ 3) ㉣ 4) ㉠

7과 논증 방법 이해하며 읽기: 사회적 책임

읽기 1: 63쪽

1. ②

2. ①

3. 능력주의는 공정해 보이지만, 실제로는 구조적 불평등을 생각하지 못하고 개인에게 과도한 책임을 지게 하는 한계가 있다.

읽기 2 어휘 학습: 65쪽

2. 추구해야 2) 실천하는 3) 완화하기 4) 부정부패가

3. 1) ㉰ 2) ㉱ 3) ㉮ 4) ㉯

읽기 2: 67쪽-68쪽

1.

서론	가	공공의 이익을 추구하는 것은 사회적 연대와 공동체 의식을 강화하는 데 필수적이다.
본론	나	공공의 이익을 위한 노력은 역사적으로 사회 발전에 중요한 역할을 해 왔다. 조선시대에는 흉년에 곡식을 빌려주는 의창 제도가 있었고, 서양에서는 전쟁이나 사회적 상황에서 귀족들이 책임을 다하는 노블레스 오블리주 전통이 자리 잡았다.
	다	현대 사회에서 공공의 이익은 공동체적 노력으로 실현된다. 코로나19 시기에는 사회적 거리두기와 방역 수칙 준수, 의료진·취약 계층 지원을 통해 팬데믹을 극복할 수 있었고, 지역 공동체 농장 운영이나 자원봉사 단체의 쉼터 운영을 통해 사회적 책임이 실천되고 있다.
	라	공공의 이익을 무시하고 개인의 이익만을 추구하면 사회적 신뢰가 무너지고 부정적 영향이 확산될 수 있다. 부정부패나 노동 착취 같은 행태는 시민들의 불만을 키우고 공동체의 안정을 위협한다.
	마	공공의 이익을 외면하면 환경 오염과 사회적 불평등이 심화되고, 장기적으로 사회적 비용과 갈등이 증가한다. 기업이 환경 규제 무시하거나 부유층이 세금을 내지 않는 것은 사회적 신뢰를 약화시키는 주요 원인이 된다.
결론	바	지속 가능한 사회 발전을 위해서는 공공의 이익을 고려한 개인과 공동체의 실천이 필수적이다. 작은 관심과 행동이 사회적 신뢰를 회복하고, 조화롭고 건강한 공동체를 만드는 기반이 될 수 있다.

2. ⑤ ⇨ ④ ⇨ ③ ⇨ ② ⇨ ①

3. 1) X 2) X

생각 모으기: 69쪽

1. ① 연역 ② 귀납 ③ 연역 ④ 귀납

모범 답안

2.

표현	내용
읽기 1 출발선이 다르다.	실제 우리 사회에서는 능력주의가 항상 공정하게 작동하지 않는다. 사람마다 시작하는 위치, 즉 **'출발선이 다르다'**.
읽기 2 댐이 무너질 때 작은 균열 하나에서 시작된다.	그러나 공공의 이익을 무시하고 개인의 이익만을 추구하는 태도가 퍼지면 이는 댐이 무너질 때 작은 균열 하나에서 시작되는 것과 같이 그 부정적 영향은 사회 전반으로 확산될 수 있다.
읽기 2 작은 촛불이 어둠을 밝힌다.	'작은 촛불이 어둠을 밝힌다'는 말처럼 개인의 작은 행동이 사회 전체에 긍정적인 변화를 불러올 수 있기 때문이다.

8과 능동적으로 해결하며 읽기: 현명한 선택과 소비

생각해 보기: 72쪽

1. 우리에게 '레몬'은 상큼한 과일의 이미지를 지니지만 서양권에서 '레몬'은 인생의 쓴맛, 시련, 고통, 불운, 불량, 엉망인 상황처럼 부정적인 뜻을 담은 의미로도 사용됩니다. 따라서 강한 신맛으로 그냥 먹기 힘든 레몬이 주어지면 맛있는 레모네이드를 만들어버리라는 말의 속뜻은 삶에 불행이 찾아왔을 때 인생에 관한 긍정적인 자세를 가지고 이겨내라는 의미라고 할 수 있습니다. '구름'은 인생의 어려움, 불행을 의미하고 '태양'은 좋은 때, 희망을 나타낸다고 할 수 있습니다. 따라서 인생의 시련이 지나가고 나면 좋은 날이 오게 될 것이라는 의미라고 할 수 있습니다.

읽기 1: 73쪽

1. 1) X 2) O
2. 레몬 시장에서는 판매자와 구매자 사이에 정보의 비대칭성이 존재해 구매자가 손해를 볼 수 있으므로 다양한 정보가 공유될 수 있는 방안을 마련해 정보의 비대칭성을 줄여야 한다.

전략 설명: 74쪽

2.

문제	해결 방법
모르는 어휘가 나왔다.	㉡
뜻이 모호한 구절이나 문장이 있다.	㉢
글쓴이의 주장이 타당한지 판단하기 어렵다.	㉣
배경지식이 없어 이해하기 어려운 부분이 있다.	㉠
글의 주제나 중심 생각이 직접적으로 드러나 있지 않다.	㉤

읽기 2 어휘 학습: 75쪽

1. 1) ㉮ 2) ㉮ 3) ㉯ 4) ㉰ 5) ㉱

2. 뉴스 프로그램에서 뉴스를 (진행하)는 사람을 '앵커'(anchor)라고 한다. '앵커'(anchor)라는 말은 원래 배가 항구에 머무를 때 바다에 (내리)는 '닻'을 의미한다. '닻'이 배가 흔들리지 않도록 안정시키는 역할을 하듯이 (앵커)은/는 뉴스 프로그램에서 (안정감)을/를 주고 여러 기자들의 뉴스를 모아 시청자들에게 전달하는 중심적인 역할을 한다.

읽기 2: 77쪽-78쪽

1.

- 처음 — (앵커링 효과)의 개념
- 중간 — 앵커링 효과 사례 소개
  - 유엔에 가입한 나라들 중 아프리카 국가가 차지하는 비율에 대해 알아보는 실험
  - 에베레스트산의 높이를 물어보는 실험
  - 두 돈가스 가게 중 더 저렴하다고 인식되는 가게를 선택하게 되는 상황
- 끝 — 심리적 현상을 이해하여 현명한 소비를 하자는 글쓴이의 주장

2. 1) O 2) X

모범 답안

3. '눈속임식 상술'이 가리키는 내용: 18,000원짜리 돈가스를 15,000원으로 인하해 판매하는 것
'눈속임식 상술'의 의미: 소비자로 하여금 18,000원에 기준을 두고 가격을 평가해 두 번째 가게가 훨씬 저렴하다고 인식하게 하는 것

생각 모으기: 79쪽

1. 1) 판단하며 2) 추측하거나 3) 문제를, 해결해

2.

사자성어 및 속담	뜻과 예문
빛 좋은 개살구	겉만 그럴듯하고 실속이 없는 경우 예문: 화려한 광고로 소비자를 유혹하는 제품이 실제로는 기대에 못 미치는 경우를 보며 **'빛 좋은 개살구'** 라는 속담이 떠올랐다.
유명무실	이름만 그럴듯하고 실속은 없음.
소문난 잔치에 먹을 것 없다	잔뜩 기대하고 잔칫집에 갔는데 막상 맛있는 음식이 하나도 없다. 즉, 소문이 자자하거나 크게 기대했던 일이 막상 별 볼 일 없을 때 쓰는 말
속 빈 강정	겉만 그럴듯하고 실속이 없음.

9과 관점과 형식의 차이 파악하며 읽기: 인공 지능이 만든 세상

읽기 1: 83쪽

1. 인공 지능(AI) 창작물

2.

	가	나
주장	인공 지능(AI)이 만든 작품에도 저작권이 인정되어야 한다.	인공 지능(AI)이 만든 작품에는 저작권을 인정하지 않는 것이 바람직하다.
근거	- 인공 지능(AI)이 실제로 창작 활동을 하고 있다. - 인공 지능(AI) 창작물에 저작권이 인정되지 않으면 투자가 줄어들 수 있다. - 인공 지능(AI) 창작물에 대한 저작권 인정이 콘텐츠 산업 발전을 촉진할 것이다.	- 인공 지능(AI) 창작물의 원천은 인간이 만든 작품이다. - 인공 지능(AI)은 창작에 필수적인 의도, 감정, 비판 능력이 없기 때문에 결과물에 인간의 사상이나 감정이 담겼다고 보기 어렵다. - 인공 지능(AI) 창작물에 저작권을 인정하면 인간의 창작 의욕이 꺾이고 문화가 침체될 우려가 있다.

전략 설명: 84쪽

2. 가 긍정적　　나 부정적

읽기 2 어휘 학습: 85쪽

1. 1) ㉯　　2) ㉮　　3) ㉱　　4) ㉰　　5) ㉲
2. (순서대로) 상황 대처 질문, 전략 게임, 심층 질문

읽기 2: 87쪽-88쪽

1. 인공 지능(AI) 면접
2.

글 가	글 나
인공 지능(AI) 면접의 (장점)을/를 기업의 인사 담당자를 대상으로 한 (설문 조사 결과)을/를 바탕으로 기술하고 있음.	인공 지능(AI) 면접의 (한계)을/를 (질문의 사례)을/를 들어 구체적으로 기술하고 있음.

3. 1) X　　2) O
4.

	글 가	글 나
주장	인공 지능(AI) 면접은 면접 참여율 증가, 채용 업무의 효율성 증가, 평가 자료의 다양한 활용, 편리한 수시 채용 등 다양한 측면에서 긍정적인 영향을 미친다.	인공 지능(AI) 면접은 면접자의 답변 맥락을 이해하고 상황에 맞는 추가 질문을 하며 조직의 특성에 맞는 사람인지를 판단하는 데 한계가 있으므로 채용 결정 과정에서 보조적 도구로 활용된다.
글쓴이의 관점	긍정적	부정적
화제에 대한 나의 생각	예시) 인공 지능(AI) 면접은 아직 한계가 있지만 객관성과 효율성을 갖춘 평가 도구로서 발전 가능성이 크며, 면접관의 주관적 편견을 줄일 수 있으므로 적극적으로 도입되어야 한다.	

생각 모으기: 89쪽

1. 1) 형식이　　2) 균형　　3) 관점으로
2. 1) - ㉯ - ㉢, ㉣　　2) - ㉮ - ㉠, ㉡　　3) - ㉰ - ㉤, ㉥, ㉦

모범 답안

10과 적절한 근거를 들어 문학 작품 해석하기: 삶과 사랑 이야기

읽기 1: 93쪽

1. ④
2. • 나룻배: 시인 자신 • 행인: 조국

읽기 2: 97쪽-98쪽

1. ① X ② O ③ X ④ X
2. ③
3. 가 이걸 가만히 내려다보자니 내 대강이가 터져서 피가 흐르는 것같이 두 눈에서 불이 번쩍 난다.

   나 1) 우리가 이 동리에 들어온 것은 근 삼 년째 되어 오지만 여태껏 가무잡잡한 점순이의 얼굴이 이렇게까지 홍당무처럼 새빨개진 법이 없었다.

   2) 게다 눈에 독을 올리고 한참 나를 요렇게 쏘아 보더니 나중에는 눈물까지 어리는 것이 아니냐.

   다 설혹 주는 감자를 안 받아먹은 것이 실례라 하면, 주면 그냥 주었지 '느 집엔 이거 없지'는 뭐냐.

   라 나는 비슬비슬 일어나며 소맷자락으로 눈을 가리고는 얼김에 엉, 하고 울음을 놓았다.

생각 모으기: 99쪽

2.

현실 반영 관점	시대적 배경은 조선 후기 혹은 근대 초기로 볼 수 있다. 이 시기는 성별에 따른 엄격한 사회적 역할과 전통적인 결혼관, 가부장적 사회가 지배하던 시대이다. 특히 여성의 자아 표현과 자유로운 감정 표현이 제한되었던 시기였기 때문에 점순이와 나의 관계도 사회적인 제약에 영향을 받았을 것이다.
독자 중심 관점	독자 입장에서 이 이야기는 감정선의 억제와 갈등을 중심으로 전개된다. 주인공과 점순이의 관계는 사회적 기대와 개인적인 감정 사이에서의 긴장을 표현하고 있다. 독자는 이 장면에서 점순이의 감정을 이해할 수 있지만 당시 사회의 한계를 생각할 때 그들의 관계는 정서적인 불완전함을 갖게 될 가능성이 크다.

사고력을 키우는 전략 중심의 학술 텍스트 읽기

초판발행 2025년 9월 15일

지은이 김경훤·이수미·장문정·신필여
펴낸이 안종만·안상준

편 집 김다혜
기획/마케팅 박부하
표지디자인 이영경
제 작 고철민·김원표

펴낸곳 (주) 박영사
서울특별시 금천구 가산디지털2로 53, 210호(가산동, 한라시그마밸리)
등록 1959. 3. 11. 제300-1959-1호(倫)
전 화 02)733-6771
f a x 02)736-4818
e-mail pys@pybook.co.kr
homepage www.pybook.co.kr
ISBN 979-11-303-2369-5 93710

정 가 17,000원